大好生活 1

小籠包科管博士教你人生逆轉勝 LQ

許家豪 著／胡芳芳、殷千晨 策畫撰稿

CONTENTS

目錄

第六部 鍛鍊LQ，逆轉人生方法三：讓你的大腦，除舊佈新 242

推薦序

理解與學習LQ，掌握逆轉勝契機

袁建中（交通大學科技管理研究所教授）

我認識本書作者許家豪的緣由，是在經濟部技術處主辦的科專計畫。當時家豪服務的公司正在申請這項科專計畫，家豪是該公司承辦人，而我是這項計畫的審查委員，我們因此互相認識，後來家豪因緣際會成為我博士班學生。他是在博士班要截止報名的前一天，剛好我們在聊天討論時，談到博士班招生，而上課時間是在每個月的周六與周日，地點在中國大陸廣州的暨南大學，主修經濟產業科技管理，可以不影響工作，並且實現就讀博士班的願望，而家豪就在博士班截止報名的前一天，神奇完成報名手續並且順利進入這個博士班。後來才得知原來他就讀博士班有一半的理由，是為了完成父親對他的期待，也算是圓了爸爸的夢想，相信他在天上的爸爸應該是微笑的看著家豪。因此家豪展開一段飛機的學習之旅，每個月從台北飛往大陸廣州暨南大學的博士班學習，然後再飛回台北的家；然而我們也因為博士班的師生關係彼此更加熟識。

人生下半場，你可以更好

在科技管理學中，有一個產品生命週期（Product Life Cycle）的理論概念，主要是描述每個產品、技術或產業，都有它的生命週期，可以區分成：萌芽期、成長期、成熟期與衰退期這四個階段的循環，企業藉此了解自己的產品、技術或產業，是處在這四個階段中的哪一個階段，然後依照不同階段使用不同的策略與方法，達到有效的獲利模式或是進行轉型工作。

我發現人的一生，在某些方面而言似乎也有一個生命週期，人類歷經幼年、青年、中年與老年等階段，各個階段似乎都有不同的成長環境和應對方式、想法與言行舉止；根據我的研究和觀察，人們大約在三十七歲左右，尤其是男人，是處在一個重要的轉變階段，這個階段的多數人，在工作、職場與生活等方面都會面臨到一些想法，在面對未來，多少會想要作一些改變。

在這個年齡階段的人，大致在職場工作有十多年，已經結婚，小孩也出生了。對於國家、父母、妻子、兒女都有些責任和需求，特別是在工作方面，思考著要如何讓自己的人生下半場變得更好，或者是想要追求潛藏在自己內心深處、年少時的美好夢想或抱負，是否可以實現？進而採取一些改變的行動，或許是因為身處在這個階段的人們，已經在職場上工作了很長的一段時間，為家庭付出也有些時日，在身心靈方面或許有些疲憊，持續以往多少已看到了自己的未來情境，而想要好好運用人生下半場的時間為自己的生命做些改變，實現自己想要的更美好人生。

關鍵時刻、正確的決定

就我個人而言，二十四歲出國在紐約讀書，三十歲拿電機工程博士學位開始作事，在三十七歲前後，開始思考究竟是要繼續留在美國矽谷電腦半導體產業服務，還是追求理想。六年後，也就是四十三歲那年，從美國舉家全部搬回到台灣，服務於國立交通大學擔任科技管理教授。當時整個亞洲的高等教育都還沒有科技管理這類系所，很榮幸的能夠有這個機會為整個亞洲和台灣創立科技管理所及創新育成中心，並為技術預測和前瞻等領域開創格局。現在回想當時面臨改變的我，當然會有些忐忑不安，如果當時有一些好的方法與概念進來，應該可以更順利的帶領我達成想要的夢想。

家豪這本書《LQ：小籠包科管博士教你人生逆轉勝》，主要內容是在說明「人生指數」（Life Quotient，簡稱LQ），而LQ簡單的說，就是主觀的認為自己在現階段的人生過得好不好，較高的LQ指數代表過得好，較低的LQ指數代表過得比較不好，我們可以想像自己在健康、生活、喜樂、富足、工作、家庭等方面的狀況，認定自己現階段的LQ指數是高或低；家豪在本書中介紹三個方法提升LQ指數，不論自己是處在較高或較低的LQ指數，都可以藉由這三個方法向上提升LQ指數，得到自己想要的人生。這三個方法是：

●方法一：滑滑臉書也讀書，從自己或別人經驗中學習，或是在書中找到改變生命的良方。

●方法二：寫出精采的人生，運用書寫筆記本，不僅讓情緒穩定，並且解決各種難題。

● 方法三：讓你的大腦，除舊佈新，對悲傷的過去，說一聲「太好了！」，展開新生命的開始，尋找重生之路。

家豪在這本書中不僅介紹了三個轉變人生的有效方法，並且以他自己親身經歷作為個案說明，讓讀者能夠深入淺出的理解與學習LQ，達成自己想要的夢想。

我真誠的為家豪感到高興，因為藉由這本書可以讓更多的讀者因此得到幫助，並且為這個社會貢獻正面的能量，祝福家豪。

推薦序

以真誠、愛與LQ，擁抱真實人生

白崇亮博士（前台灣奧美整合行銷傳播集團董事長）

二〇一五年在台灣以色列商業文化促進會*（Taiwan Israel Chamber of Commerce，簡稱台以協會）舉辦的Huzpa Club新創團隊發表會，我與本書《LQ：小籠包科管博士教你人生逆轉勝》作者許家豪也都參加這個座談會。在會議的空檔時間認識了家豪，在彼此的互動聊天中發現，我與家豪有些相似的地方，在選讀的科系方面，一樣是學機械工程，然後博士班同樣選擇管理相關的科系，只是讀的學校不同；在閱讀方面，家豪曾經閱讀我在二〇〇七年出版的書《勇於真實：奧美集團董事長白崇亮的內在視界》，然後按照這本書中介紹的書籍《第五項修練》（The Fifth. Discipline）與《心靈地圖：追求愛與成長之路》（The road less traveled），按圖索驥的繼續研讀，因此幫助家豪進入管理學與心理學的領域，並且將所學實際的運用在生活與工作上。而在生命成長的過程方面，我們似乎同樣在幼年的時候有些灰色人生的積累，後來運用一些方法並且認識神而能擺脫那些灰暗情緒，得到自己想要的更美好人生。

超越挑戰，愛裡沒有懼怕

家豪在這本書中介紹的三個提升 L Q 人生指數的方法，讓自己的生命向上提升，得到自己想要的生活方式，這三個方法可能需要從了解開始，然後實際練習，並且養成習慣，進而融合這三個方法交相運用，如此藉由時間的累積，有時生命真的會悄悄的帶領人們進入自己想要的美好境界。

我覺得家豪願意以自己的生命案例放在這本書裡面，讓讀者更容易了解，這真的需要勇氣、信心與愛，畢竟真誠地描述自己曾經處在ＬＱ指數很低，比較灰暗的那段時間，確實需要真誠與勇氣，不過這也代表家豪確實是越過了那些挑戰了。

家豪，恭喜你把書寫成了，這是一件生命中重大的事，並且這是一本能夠榮神益人的書，我很樂意推薦你的這本新書，願主更多的使用你和這本書。

編註：台灣以色列商業文化促進會（Taiwan Israel Chamber of Commerce，簡稱台以協會），集結業界團體，於每季舉辦一次台以新創交流會 Huzpa Club（Huzpa 是希伯來文勇往直前、勇於冒險、直言、厚顏的意思，也是以色列成為全球第一新創之國的重要文化元素之一），期盼藉由此平台傳承產業經驗，連結以色列新創文化及元素，提升台灣產業創新動能。以色列新創產業高踞全球的領導地位，歐美國際大廠爭先到以色列設立研發中心或併購高科技新創公司，台灣和以色列於二〇一五年簽訂「產業研發雙邊合作協定」，期許透過兩國更多的交流合作，彼此成為創新，市場，及製造多贏的合作夥伴。

推薦序

LQ原創者首度分享，比天賦更重要的生命練習法

吳春光（輔仁大學科技管理研究所所長）

家豪畢業於輔仁大學科技管理研究所，是我的碩士班學生。他是一位喜歡閱讀各種學科書籍的人，喜歡科技管理學、心理學、神學與成功激勵學等等，有一陣子家豪似乎特別沉醉於閱讀，並且告訴我說：他想要追求卓越與越卓（越來越卓越）。我當時直覺的告訴他，只要好好的享受你現在的家庭、工作與生活，不要異想天開，因為那時我擔心他過度沉醉於閱讀而走火入魔，想要善意規勸他專注於實際與現實生活。一直到他要出書的前幾天，他打電話告訴我：「老師你好，我即將要出書了，能否請您協

助寫序。」我才會意過來，原來家豪是在追求屬於他自己的夢想。

分享生命經歷

我記得有一次聚餐時，家豪突然問大家：為什麼夜晚天空上的星星會一閃一閃，而遠處山腰的路燈也會一閃一閃，然而近的路燈好像不會一閃一閃……類似這種話題，我們有時不知道怎麼回答他，而他似乎樂在其中；又有一次他告訴我，在林口的樹林中有一對白頭翁一直跟著他，並且總是找他說話，直覺告訴我家豪是否頭腦有問題，後來他告訴我，因為這一對白頭翁生了幼鳥，而幼鳥正在學飛，鳥爸爸鳥媽媽擔心家豪發現幼鳥在樹的右邊，所以鳥媽媽刻意在樹的左邊鳴叫，為了吸引家豪注視左邊而使躲在樹右邊的幼鳥不被家豪發現。我想這就是家豪。

家豪將他所學的理論基礎融會貫通，結合他自己的生命經歷，創造了

ＬＱ人生指數，並且藉由這本書《ＬＱ：小籠包科管博士教你人生逆轉勝》向廣泛的社會大眾分享，希望這本書不僅帶給家豪喜悅的人生，並且能夠讓更多人因此而受惠，在這裡要恭喜家豪，祝福家豪。

推薦序

是要在他身上顯出上帝的作為來！

馮啟文（基督教林口靈糧堂主任牧師）

那天傍晚，在我的辦公室裡，聽著家豪夫妻的分享，半生的經歷好像就濃縮在那短短的幾十分鐘的交談中，但不論是說的、聽的，我們都哭了！

人生有兩大悲歌：一是「苦」、一是「罪」！「苦」是生命中的哀痛和無奈、「罪」是生命中的軟弱和有限。任誰都不期望遇上，但卻似乎任誰都難以躲得開。

家豪弟兄自幼家貧、性格內向、不善言談，之後執意創業卻經歷失敗，甚至面對喪女之痛、有著說不盡的自責和追悔。不是不努力，也不是不上進，然而生命中苦與罪的糾葛，最終身心潰敗、如墜絕谷！

與上帝相遇，人生逆轉勝

但人生的逆轉勝，就在家豪夫妻與上帝相遇的那一刻開始了！十多年間，上帝不僅牽著他們一家，從絕境中走上了恢復之路、蒙恩之路，如今，家豪弟兄更盼望藉著自己在人生中珍貴的經歷和體會，可以幫助更多如同他過去、陷入困境和絕望中一樣的朋友。

從逆境中的轉勝，讓家豪關注的眼光從自身到世界、從個人到世人。與其說是分享他人生中逆轉勝的方法，更恰當的說，其實是分享他十多年從上帝那裡得著幫助的體悟和見證。

在聆聽家豪夫妻分享的過程中，我心中一直浮現出《聖經》中的一段寶貴記載：

『耶穌過去的時候，看見一個人生來是瞎眼的。門徒問耶穌說：「拉比，這人生來是瞎眼的，是誰犯了罪？是這人呢？是他父母呢？」耶穌回答說：「也不是這人犯了罪，也不是他父母犯了罪，是要在他身上顯出上帝的作為來。」……耶穌對他說：「你往西羅亞池子裏去洗」。他去一洗，回頭就看見了。』（約翰福音 9:1-7）

當家豪夫妻從我的辦公室離開後，我就開始翻閱《LQ：小籠包科管博士教你人生逆轉勝》書稿，而且是一口氣看完，心裡始終迴盪著主耶穌所說的這句話──「是要在他身上顯出上帝的作為來！」

朋友，若您現在也正開始翻閱此書，但願您也能透過家豪弟兄生命的見證和領悟，不僅得著人生中逆轉勝的方法，更能得著上帝與您一生同行的恩典！

推薦序

把一缸濁水，變為甜美上好的酒

龔吉和（聯合大學光電工程系所副教授）

我在二〇一一年思考著是否要搬遷回北部，因為我喜歡打網球，因此當地是否有合適的網球朋友與球場，是我選擇落腳的重要因素之一，後來我發現新北市林口區的新市鎮，聚集了醫院、大學、園區與航空等產業，同時吸引百來個熱愛網球的熱血青年，因此我欣然地選擇定居在林口新市鎮。在我的網球朋友中有一位球友許家豪，我發現他總是在激烈的球賽之後，沿著球場周圍散步慢走，試圖讓自己冷靜下來，他若有所思的慢走，吸引了我的注意力，當時我猜想他可能是一位饒富哲理的思想家；有一次我們參加新北市舉辦的較大型網球比賽，家豪兄與我配搭雙打，代表林口區參加這個友誼賽，在賽前聽說林口區歷年以來，從來沒有在這裡贏過任何一場比賽，而家豪兄與我配搭雙打，或許因為完美的互補與搭配，我們出賽兩場，居然獲得史無前例的兩場勝利，自此以後家豪兄與我，有更多見面與深入的交談，進而成為好友。

挪除自責與罪的枷鎖

世人通常有「人生勝利組」之說，或許現在的家豪擁有了他自己想要的夢想，但是我所了解與熟知的家豪，他的過去與所謂勝利組其實有著天壤之別，他年幼時出身貧窮、自閉傾向、焦慮與害怕如影隨形的相伴，結婚生子後因失業而經歷喪女之痛，人生陷入泥沼般的黑暗，那一段時間他幾乎封閉而離群索居。

然而他的人生翻轉，似乎開始於在夢中與逝去的女兒和好，因此挪除了家豪兄長久以來的自責與罪的枷鎖，並且意外地發現了ＬＱ人生指數，實際應用於日常生活與工作，使他的生命品嚐到前所未有的翻轉；在生活、家庭、職場、人際關係與學術領域，都得到極大的祝福，更重要的是，他學會了愛人愛己與愛神。現在的他迫不及待地要把自己的經歷，跟我以及無數個正渴望尋求人生逆轉勝的人們一同分享，或許這正是家豪出版這本書《ＬＱ：小籠包科管博士教你人生逆轉勝》的最重要使命。

現在的家豪兄為人信實可靠、公正厚道又通達明智；他樂觀奮鬥、有耐心與恆心；關懷體貼、重情義，朋友中有他便如沐春風、一團和氣。這些人格特質，人間本來就不多，如今更是鳳毛麟角。有這樣的好朋友，帶來這樣美好的訊息，實在是人生的幸運。

寬恕與愛開啟了家豪兄的新生命，ＬＱ成就了完全翻轉，神把一缸濁水，變為甜美上好的酒。

推薦序

把苦難變成祝福，LQ轉變你看世界的方式

Noah T.（外商BC公司 總經理）

我是在中國大陸的暨南大學認識家豪的。當時我們正在準備暨南大學博士班的甄試，後來我們如願成為博士班的同學，還記得那時的我，剛剛從旅居幾十年的美國舉家搬到台北市定居；認識家豪至今，我總覺得他滿有熱忱、真摯並具備表達能力，並且在工作、生活與家庭等方面都具備一定的美好程度，他常常叮嚀我關於真理與信仰方面，雖然有時我覺得他有些嘮叨，但是有時好像我也滿喜歡他的嘮叨。我邀請他成為創業夥伴，主要是因為我發現他的人格特質與我是互補的，並且我們對未來都有更美好

的期待，也有著相同的夢想，因此我對他的認識也就更深入了。

尋找內心美好的力量

後來慢慢從家豪的口中得知，他有一個與現在截然不同的過去，正如這本書《LQ：小籠包科管博士教你人生逆轉勝》所寫的內容：他小時候住在三重豬舍的旁邊、因為內向與接近自閉的特質，而造成心理面的掙扎與苦楚等等，不過他倒是沒有跟我提起有關於他大女兒離世的事情，我是看到了這本書之後才知道，原來他曾經在這個世界上發生過這些遭遇，而這使我為他感到震驚與心疼。

我相信人生一定會有高高低低，但是當我們能夠將自己所有負面除去，並且不管處在順境或逆境，都能夠懂得接納與喜歡自己過去所做的所有事情，甚至於能夠喜歡自己無法被喜歡的部分，我相信此時我們的人生就要開始被轉變。過去發生在家豪身上的所謂苦難，似乎到了現在反而成為祝福，並且成為眾人的祝福。

其實我真的相信每一個人在這個世界上，都有一個潛伏在自己內心深處的使命或位份，因著我們認清自己這一生的使命，我深深地相信我們真的會從我們內心深處產生潛能、能力與力量，在我們有限的生命中翻轉，達成我們內心深處的美好夢想與使命，或許這正是家豪在這本書所描述的ＬＱ人生指數的美好內涵之一。

家豪寫下了屬於他的生命故事與ＬＱ人生指數逆轉勝的方法，然後因緣際會地遇到胡芳芳總編輯，並且得到她的賞識而順利出書，而我迫不急待的為家豪這本書寫序，希望他可以趕快出書，我發現這個過程似乎都有神奇妙的帶領與安排，也可以稱得上是一件美好的奇事。在這裡我真誠的邀請讀者們一定要好好閱讀這一本書，並且我深深地相信藉由這本書，一定可以幫助更多的人。

推薦序

為陷入困境的人們，帶來無窮的盼望

林宏修（磐石製作有限公司總經理）

二〇一六年家豪兄，透過他的夫人表示，想要將他這些年來，所領會所經歷而記載下來的隨身筆記集結出版，而當時正好結識出版界高手胡芳芳總編輯，於是介紹他們兩位結識。而當我再次遇上家豪兄時，很開心知道這本書《LQ：小籠包科管博士教你人生逆轉勝》即將出版的訊息，並有幸提前拜讀此書。從本書看到家豪兄十餘年來親身所經歷的真實經歷，雖隻字片語帶過，但仔細琢磨字句，可了解當時的遭遇必定造成他極大的苦痛，也著實折磨了他很久的時間，但相信正如使徒保羅，在受內外煎熬的患難時所寫的哥林多後書第一章第三四節所述：「賜各樣安慰的神，我們在一切患難中，他就安慰我們，叫我們能用神所賜的安慰，去安慰那遭各樣患難的人。」

除了信仰對他有極大的幫助，書中也將如何運用閱讀、書寫等各種秘訣分享給讀者，用他從閱讀所領略並引述了許多古今中外知名人士的金句名言，再加上親身的實際操作說明經歷，相信必能讓所有讀者，特別在現今時代，許多正陷入困境的人們，帶來無窮的逆轉勝的盼望。祝福家豪及他全家，也深信家豪全家及他的經歷成為更多人的祝福。

（本文寫於二〇一七年八月十二日於北京首都國際機場，飛機延誤中，但也因此有時間好好拜讀此書，書寫此序文，這也算是LQ人生指數逆轉勝的實現吧！）

推薦序

分享生命經驗，幫助更多需要的人

K.P. Bluthardt（創業者）

我雖然認識 Francis（家豪）只有短短的八個月，看到 Francis 在追求屬靈生命的成長過程中，緊緊抓住神的話語，渴慕神的話語，擁有敬虔的動力，真的令我感動。Francis 是一位全心奉獻給家庭的丈夫和父親，當他經歷神在他生命中的改變以及造就時，他渴望分享他的生活經驗，希望能幫助更多需要的人，我個人非常榮幸，能成為他的朋友以及在基督裡的兄弟

（本序文原本是英文寫成，經翻譯成中文）。

作者序

發現LQ，人生從谷底攀升

我發現心理學的鼻祖佛洛伊德（Sigmund Freud）與榮格（Carl Gustav Jung），在他們年輕時，曾經遭受到不安情緒的負面攪擾，然而他們二位似乎都找到解決的方法，並且展現毅力應用這些方法，在他們向上的過程中，因此累積了強大的心智能力，足以克服這些負面與問題，讓自己不僅恢復，還因此獲得更強大的智慧與力量，佛洛伊德與榮格並且進一步的將他們親身經歷的有效方法告知世界，並且創建了心理學這門學科。

一直到現在，國際上大多數的大學都設立了心理學這個科系，幫助現在與未來的人們，能夠面對、克服與解決各式各樣的人生問題；這讓我想到了著名的哲學家尼采（Friedrich Wilhelm Nietzsche）所說的一句話：「凡殺不死我的，必使我更強大」（That which does not kill us makes us stronger.）。這似乎很有趣，越大的挑戰其實是越大的祝福，而祝福似乎是化妝成醜陋的外表，但是只要勇敢克服剝去這令人畏怯的外表，就能拿到潛藏在內部的強大祝福。

後來我發現，我好像也類似佛洛伊德與榮格，都曾經度過那一段所謂比較黑暗的時間，幸運的是，我找到方法，並且在向上的過程中意外的累積智慧與能力，讓自己不僅恢復，得到自己想要的祝福，並且知道如何有效的找出潛藏在自己內心深處的智慧與力量；我知道或許我在某方面不如佛洛伊德與榮格，但是我們似乎有類似的生命經驗與有效方法，能夠與大家分享這些方法，並且衷心的希望讓更多的人因此得到幫助，完成個人心中美好的夢想。

認識ＬＱ，新眼光看世界

我發現每個人的內心都擁有強大的能量，都具備向上轉變的能力，能夠讓自己的生命不斷向上，獲得自己想要的更美好狀態，然而我有時候在想，為何這個世界上有些人可以展現內心強大的能量與智慧，不斷向上獲得成功；而有些人卻無法激發蘊藏的這些能力，或者是不知道、不相信或不願意找到這些潛藏的強大智慧與能力，而使得生命是往下的趨勢，成功與幸福似乎漸行漸遠。

究竟如何能夠展現蘊藏在我們內心深處的強大智慧與能力，關鍵似乎在於找到比較好的方法，然後依循這個方法持續練習，然後變成習慣，成為我們潛意識中的自然反應，也就能提升我們目前的境遇，或者是實現自己美好的夢想。

隨著科技的日新月異，我們對人類的腦與心也更理解，除了ＥＱ與ＩＱ，也有許多學者提出了其他的指數：ＡＱ（逆境指數）、ＰＱ（正向智商）、ＭＱ（道德指數），無論是何種指數，都指出一種結論：正向的力量，將能扭轉人的性格與命運。無論是培養正向的道德觀、正向的思考、正面樂觀的個性，都能讓人類在面臨逆境的時候勇敢前進。

當我越深入了解ＩＱ、ＥＱ、ＳＱ、ＡＱ、ＰＱ等方面的影響之後，在工作、家庭、人際、自我方面都有很大的轉變，我逐漸脫離貧窮、悲傷、痛苦與愚頑，進入我自己感覺更美好的生命階段，這也就是我所歸納與發現的「人生指數」（Life Quotient，簡稱ＬＱ），以前感覺這世界是負面的居多，而現在我改變自己的看法與感覺，感覺這世界是平靜安詳的，這世界的人是可以得到平安與喜樂的。

ＬＱ，是人生指數的英文簡稱，它代表的是一個人經營人生（Life）的能力，簡單來說，ＬＱ是一個人自我管理人生的能力指數。

ＬＱ，指的是關係人一生的各項品質，包含內在的情緒、想法、思維與健康以及外在的財富、成就與尊嚴等等，並展現在生活、工作、職場與家庭等的能力。擁有較高的人生指數，能讓自己的生命活得更美好、更幸福；相反的，如果處於比較低的人生指數階段，會比較消極、負面、成就感較低，所以，透過ＬＱ可以強化自己內在的想法、情緒與外在感官，進而可以提升外顯財富、成就與尊嚴等等，將可以得到自己想要的美好人際、家庭、親子、職場與生命的品質，並且美夢成真。

三個方法，提升你的ＬＱ

我內心希望藉由這本書《ＬＱ：小籠包科管博士教你人生逆轉勝》的內容，能夠讓讀者了解ＬＱ人生指數，所以在這本書裡，我將自己當成案例，提供分享與參考，包含過去與現在的我的對照比較，以及我如何實際應用LQ的三個方法，達到提升人生指數與獲得自己想要的生活方式，也就是結合理論基礎與實際應用產生的功效，解決我們所面臨的問題。

為了提升LQ人生指數，本書提供三個具體有效簡單的方法，藉由這三個方法提升生命品質，可以讓自己的一生更美好、更幸福，達成美好的夢想。這三個方法包含寫、讀以及讓大腦「除舊佈新」，簡單的說就是：讓自己在過去、現在與未來這三方面，達到更美好的狀態，也就是跟過去和好、清楚洞察現在與擁有美好的未來，消除任何負面干擾，身心靈就能保持專注，而潛藏在內心的智慧與潛能就能順利啟發。舉個例子，如果太陽代表無窮智慧，烏雲代表潛藏在我們內心的負面，如果我們頭頂上有烏雲，那麼太陽就無法有效照射到我們身上，智慧與力量就會減弱；反之，如果移去在我們頭頂上的烏雲，就能讓太陽直接照耀在我們身上，讓智慧與力量充滿我們內心，也就能提升EQ、IQ、AQ、SQ、PQ等各種能力，讓自己生活得更美好。

我非常期待能夠幫助讀者提升LQ指數，或許您現在的LQ指數自認比較低，但是應用這三個方法您是肯定可以提昇的，獲得您想要的生活方式；或許您現在的LQ指數自己認為比較高，如果應用這三個方法可以再繼續往上提昇LQ指數；所以不論您現在LQ指數自認高或低，只要花一些時間學習這三個方法，並且建立習慣，肯定可以提高個人的LQ指數，因為神在每個人的身心靈都放置寶貴的智慧與力量，而人們只要使用方法，找出深藏在我們內心深處的智慧與能量，自然的發揮上天賦予的無窮智慧，相信必然能夠讓自己實現美好的夢想，讓自己的生命活得更美好，在此祝福每一個人。

最近六年以來，我一直保持閱讀與寫的習慣，後來發現我手寫的筆記本，堆疊起來已經將近有一個小孩的高度了，有一位朋友告訴我，那些筆記本的內容有些是具有價值性的，或許將來有一天可以出書分享給更多人，這也變成我的美好夢想之一。

痛苦中的美意，感謝神奇妙的祝福

在二〇一六年五月二十八日周六的早上，我因為昏倒而驚動了家人，當下我有些驚訝，但是我的身心靈還是感覺安穩，沒有任何不舒服的感覺，笑笑的問妻子這是怎麼回事，後來才知道原來我剛剛昏倒了，還好昏迷跌倒時頭部並未碰撞到地面，而是手臂碰撞到地面，只感覺手臂有點痛，經過林口長庚醫院急診室的檢查，醫生一時半刻找不到病因，後來認為是痔瘡造成的大出血，而導致昏倒，我非常訝異痔瘡竟然也會讓人昏倒。

發生了這件事情讓我好奇地想要知道，這件事情代表的意義是什麼，以及天父要我做什麼。因為需要休息靜養，所以我決定暫時休息兩個月，而這個時間剛好可以用來完成我出書的夢想，或許這就是天父要我做的事情；我將這六年以來我用手寫的筆記本，用電腦打字撰寫成電子檔，我大概花費一個多月的時間完成大約十萬字的作品，並且尋求出版社出書的機會，我與太太的想法是：不管未來有多少人因為看到這本書而獲益，都算是對這個世界有正面貢獻。

後來經過好友宏修與文香夫婦的介紹，遇到大好文化的胡芳芳總編輯，我向胡總編輯說明我所寫的筆記本主要的內容結構，結果我們似乎心有靈犀的展開合作。我們有一個共同動機，希望能夠讓更多的人因為這本書得到助益。我將手寫的筆記本萃取出一個主要的方向，類似如何得到轉變與轉化能力的方法，後來胡總編輯產生美好靈感，我們共同激盪並命名為LQ（Life Quotient）人生指數，非常貼切的彰顯這本書的核心價值。

後來芳芳總編發現我所寫的十萬字作品，文筆顯得老派與太過學術與理論，可能無法符合現代年輕世代的閱讀方式，所以邀請年輕又有才華的殷千晨加入，重新進行專訪與撰稿。芳芳總編輯與千晨能夠精準洞察主要內容，並且以敏銳的文筆流暢地表達這本書的精髓，我很訝異千晨這麼年輕，居然具備一位長者歷練後才能擁有的經驗與智慧，特別是在心裡層次的洞察。芳芳總編輯曾經負責《EQ》（Emotional Intelligence）這本國際級暢銷書在台灣出版的過程，當年這本書在台灣大賣幾十萬本，洛陽紙貴幾乎人手一冊，她的投入功不可沒，當時上市的行銷創舉締造佳績，還被商業週刊選為年度最佳企畫案，我有榮幸與芳芳總編合作出版這本書，真的是神奇妙美好的安排與祝福。

我想出書這件事對我而言，也是生命中提昇 LQ 指數的代表之一。

前言

生命轉變之旅

我的手掌紋路是屬於所謂的斷掌，兩隻手的掌紋都是斷掌，合起來可以連成一直線，很有趣，想起父親昔日的話語，父親說男生斷掌代表著成功，不管遇上什麼困難，擁有斷掌的人都可以克服。我也因為這雙屬於研發實驗的手，獲得富足與成就感，然而看看現在，想起從前，卻是不堪回首，過去的我和現在的我，真的是天壤之別。

回想二〇〇〇年，那時候的我算是清貧，當時在親戚開設的工廠工作，親戚給了一些股份，讓我有一絲希望可以擺脫貧窮，但是沒多久這家工廠卻倒閉了。賺大錢脫貧的美夢破滅，心情非常低落，此時有個親戚說賣小籠包或許可以賺比較多的錢，當時我不知道怎麼回事決定賣小籠包謀生，或許是急迫需要錢養活家庭，因此選擇在家附近的騎樓下賣小籠包，但是當我開始用我的手捏著第一個包子時，感覺很多的不安情緒，或許是潛意識中告訴自己，該去的地方不是這裡，開始感覺後悔，我的手無法包出與鼎泰豐一樣受人歡迎的小籠包。

錯誤的選擇，卻付出生命的代價

我在騎樓下賣了幾個月的小籠包，發現並不像當初所想的可以賺很多錢，街頭人來人往，炎熱的夏天汗水直流，擦拭的或許也隱含一些淚水，甚至於有時會收到顧客給的假銅板，而且那時我的大女兒告訴媽媽，她的同學有些人得知老爸在騎樓下賣小籠包，便取笑她，叫她「小籠包」。

當時的我內心五味雜陳，每天上工時看著人群，心裡只想著是否要趕快結束這個工作。大女兒當時國小三年級，長得美麗，記得有一天在學校演出新疆舞曲，穿著舞衣跳舞，模樣十分可愛，我還特別停工抽空前往觀賞；然而，後來有一天她忽然生病了，腹瀉發燒好一陣子，也因為我當時忙著多賺點錢心緒混亂，沒有照顧好她（當時似乎連自己都照顧不好，頑固的在騎樓下賣小籠包）。

就在這年的十月二十八日，我親手抱著昏睡的她從家中，進入救護車，她在救護車前往醫院的路途中睜開眼睛看了我幾秒，我直覺大女兒要離開我了，在救護車中狂叫，恐懼至極，狂亂至極，到了醫院進入急救狀態：最後醫生告訴我已經急救無效，這時的我似乎進入極度的痛苦，我失去我心愛的大女兒……，當時的我身心與靈魂似乎已經潰散瘋狂了。

失去最愛，身心煎熬

面對大女兒的離世，我感受極度的痛苦，接連發生幾次瀕臨死亡的狀態，突然的從腳底開始麻木，一直往上延伸麻痺到全身，然後麻痺昏倒在地上，還好身旁有親人陪伴，趕快叫救護車送我到醫院急救，使用呼吸器，又救回生命，那段期間我常常上救護車，急救了有五六次；後來醫生診斷是悲傷過度產生過度換氧的症狀，形成缺氧現象，所以引起全身的麻木。那段期間的我幾乎腦袋空白，無法思考，悶悶不樂，頸椎、肩膀、腳底與手底麻麻的，當時的我就這樣承受著這些痛苦，默默的接受因為選擇錯誤產生的代價。

記得在大女兒尚未離世之前，我在泰山鄉的家中，常常有一個感覺，必須要到窗戶打開的直線方向去，走去那個方向，我以及家族才能幸福，否則似乎感覺災難即將來臨。後來心愛的大女兒離世，我在痛苦中，往那個窗戶打開的直線方向去，發現遠遠的竟然有個十字架，是一座教堂，然後靜默的在這個天主教修道院的涼亭裡沉思與發呆，直到遇見龔奶奶，因為她的帶領，在二〇〇一年，我們一家四口領洗成為基督徒。

發現LQ，人生開始不一樣

面對不堪的人生境遇，我開始思索人生的意義，也想找出為什麼我的人生為何總是失敗？大概在二〇一一年開始，試著將生命、信仰、職場、家庭、人際與自我的體悟用手寫的方式，記錄在筆記本上，我也求知若渴看了很多書，希望從這些知識寶藏中擷取智慧，彌補我的不足。每天就這樣寫著畫著，將自己的想法、感覺、意念、言語、行為、問題、解決方案等，用筆一個字一個字詳實的寫與畫在筆記本上，我逐漸有些領悟與感覺，似乎我的生命即將開始有些轉變。

隨著科技的越來越發達，也對人類的腦與心更加認識，除了ＥＱ與ＩＱ，也有許多學者提出了其他的指數：ＡＱ（Adversity Quotient，逆境指數）、ＰＱ（Positive Intelligence Quotient，正向智商）、ＭＱ（Moral Quotient，道德指數），無論是何種指數，都指出一種結論：正向的力量，將能扭轉人的性格與命運。無論是培養正向的道德觀、正向的思考、正面樂觀的個性……都能讓人類在面臨逆境的時候勇敢前進。

當我越深入了解ＩＱ、ＥＱ、ＳＱ、ＡＱ、ＰＱ等方面的影響之後，在工作、家庭、人際、自我方面都有很大的轉變，逐漸脫離貧窮、悲傷、痛苦與愚頑，進入自己感覺更美好的生命階段，這也就是我所歸納與發現的ＬＱ（Life Quotient，人生指數），以前認為這世界是負面的居多，而現在我改變自己的看法與感覺，發現這世界是平靜安詳的，這世界的人是可以得到平安與喜樂的。

在夢中與父親與女兒和好

二〇一五年四月二十八日的夜晚，我在夢中祥和的感覺之下，夢見大女兒。自從大女兒離開這個世界之後，似乎很久沒有再夢見她，過世將近十五年了，夢見她從前方走向我，她的後方亮亮的，依稀記得好像是新莊的老家，她微笑且美好的向我走來，而我也向她的方向走過去，她似乎是來迎接我的，我開口向她說：我遲到了。她微笑的臉龐似乎在說沒關係，然後我醒了。我與女兒相遇的感覺十分美好，整個身心靈是喜悅、輕鬆與自由，我確實是遲到了（我一直未能真正以美好正面的身心靈與她在夢中見面，或者我十五年以來，似乎印象中沒有或是很少在夢中見到她；因此在那一年的四月份，我迫切禱告希望能在夢中見到我大女兒，或許我想要以美好正面的與她道別，終於四月二十八日的夜晚，我能夠在夢中有這個畫面出現），美好的畫面，代表彼此都已經得到神祝福，互相祝福，愛，這是神的愛，我無罪了，代表一切的負面都結束了，感謝神的愛與祝福。後來，我用鉛筆將這個夢畫下來並記錄下來。

感謝神的愛與祝福

後來的某一天，我晚上睡覺夢見父親，父親與我有說有笑，我們在美好的夢中對話，我們互相擁抱，互相微笑，感覺彼此之間的關係平靜、安穩、甜美、祥和，這應該是我與父親和好了。其實父親一直深愛我，而我也一直敬愛父親，只是那時家庭遭遇接連的負面事情，在我們身心靈留下傷痕，在彼此的身心靈似乎沒有進行處理、解決與轉化，也就是彼此都需要醫治釋放與自由，但是彼此都無力處理自己身心靈的破碎，又如何有力量處理彼此之間的關係，並且那時沒有外力的協助，也還不認識神。

所以，那一天，我夢見父親，父親與我有說有笑，我們互相擁抱，互相微笑，我與父親和好了，原來神可以藉由這種方式讓我與父親和好，感謝主。

勇敢面對生命大小問題

五年多以來，我運用所發現的ＬＱ法則，使我的人生從谷底攀升，展開了生命轉變之旅：在職場方面成為上市公司研發部門主管，然後博士班同學從美國回台灣，帶著生物科技的技術回來台灣創業，他邀我共同參與協助開創一家生技公司，擔任董事的職務，協助建置公司經營管理，協助建立產官學研合作，將友善環境的生物科技技術應用在農業，為這片土地盡一份心。

將近一千八百多個日子，我幾乎每天都會把我產生的靈感、想法、解決方案與各種情緒，手寫在筆記本上，不管是在車上、家中書房、辦公室所寫的文字，或是以電腦打字方式，輸入目錄以及內容，如今呈現在讀者的面前，希望對看到這本書的人具備正面的幫助，能夠協助讀者解決你的人生中，所遭遇到的大大小小問題。

第一部

缺點，也有正面能量

日本男子四百公尺跨欄紀錄保持人為末大，曾經為了調整扭腳踝的習慣，卻也因此面臨了新的風險，不但不能如以往一般能跨出最適合自己跑步的步伐，而且為了固定腳踝，更會導致在跑步時雙肩搖晃、步伐不穩的窘境。為末大後來發現自己跑步時「扭腳」這個與眾不同的特點，會讓身體更平衡，跑的更快，也就是「扭腳」不是缺點，反而是優點。

不管你是二十、三十甚至四十歲，可以檢視自己，關於那一些別人認為不好的特質，或者是自己厭惡的特別習性，有必要重新的再掀開來重新思考。如果能看透缺點隱藏的優勢，有的時候就能逆轉整個人生。我也曾經討厭自己不愛講話的個性，自閉與冷漠時常是別人給我的第一印象，歷經很長的一段時間，找到自己自閉、孤獨的優勢以後，也更能包容對方與自己。

檢視自己的人生，是每個人的必修課，上半場的人生或許總會有些遺憾，在下半場的人生開始之前，不妨試著將遺憾扭轉，請善待自己，你的缺點，或許也是你的優點！

第一章

我缺乏的，反而使我更堅強

無論是對生活的貧乏感受，對身心靈的貧脊之感，誠實地面對它，有時候，人生，是會默默幫自己變得更堅強。

在你生命中的任何一天，都可以重新開始。立定今年需要達成的五個目標，第一件事情，就是要找出自己「真正」想達成的五件事情！乍看之下，這好像不是困難的事情，翻翻過去的筆記本或日記，抽出幾條想達成的願望，好像就快速的寫完今年的目標清單。

但是，如果事情真的這麼簡單，那又為什麼那些筆記上的願望，卻重複的躺在那裡好幾個月、甚至好多年，完全沒有成真呢？我們，真的夠了解自己心中所想達成的目標嗎？世界上各種離奇且不可思議的事情，天天都在上演，為什麼，讓自己渴望的事情發生在自己的宇宙中，卻是如此困難！立定目標，又不是一件困難的事情，究竟問題出在哪裡呢？

面對真實自己

我活了超過大半輩子，進入職場的日子也已數十年之久，讀書、生活、工作三者並進，是我一直以來堅持的守則。很多人好奇地問我，究竟是什麼樣的生活模式，才能將時間有效率的切割，讓一天僅有的二十四小時均衡規劃。如果真的要說起生活祕訣，其實也不過就是「誠實面對自己」。

坦白說，我也和多數人一樣，擁有很多願望，也有許多目標想要達成，筆記本上列了很多條的待辦事項，也希望無論是物質生活或心靈，皆能照顧得完美。事實上，我並沒有特別的在管理自己的時間，僅是全然地面對自己的渴望，誠實地對待自己的欲望罷了。

謹慎思考，每一個人在立定願望或目標的同時，某種程度都是在與自己「匱乏」的條件或事物對話。期盼能擁有適合的戀人、想要擁有胖瘦適中的身形、希望大幅成長的業績……立定願望的同時，其實也暴露著自己的匱乏，一個人如果無法誠實的聆聽自己的內在，消化後再付諸行動的話，什麼願望也難以達成。

發現內心的渴望

一年達成五件事，其實也不算太多。每日的工作量至少超過五件，說不定一天就要解決公司十五件到二十件事，那一年決定自己要達成五件事，想想也不算太困難吧！

我原本也不算是個嗜書如痴之人，說起來還有點弔詭，買書與讀書的理由，也都是基於一種內心的渴望。某一天的早晨，太陽將書櫃曬得閃閃發亮，我站在家中的書櫃前看著一本本整齊的書籍，一眼望去可以明顯的看到每本書的書名和作者，我一邊看著這些高低錯置的書籍，一邊喃喃自語的唸出好幾本書名，《韌性》、《思考致富》、《創造力》……一邊說著這些書名的同時，內心突然間掀起一陣波蕩，忽然之間，我發現原來這些長時間所購買的書籍，竟然也顯現出自己所缺乏或渴望擁有的特質！因為一直希望能擁有無比的韌性面對生命，因此購買了《韌性》這本書；因為希望能聰明的管理物質生活，而將《思考致富》一書帶回家；又因為期待自己能有無比的創造力，而閱讀《創造力》這本書。

我發現，原來內心深處對金錢的渴望、心靈的貧乏感，導致自己動不動就往書店跑，回頭想想，的確如此。每一次到書店買書時，總是會先受到書名所吸引，接著掀開書的內頁仍讀得欲罷不能的時候，就會快速的塞到購書的籃子當中，一個小時過去，不知不覺的就帶走好幾本書。一直以來，默默地檢視自己的缺點，反而讓自己潛移默化的培養出一些與別人不同的優勢，就這樣一邊讀書、一邊生活又一邊工作的充實人生，過了好幾十年。熟識的朋友都知道自己愛讀書的癖好，從書中獲得知識，將知識運用於生活之中的習慣，不知不覺的也把心中的「匱乏」，慢慢地蛻變成生活的「富足」。

與其像是一個智慧型的機器人有效率的費時工作，每日追著時間跑、追逐著願望，倒不如先停下來，好好正視真實的欲望，無論是對生活的貧乏之感受、對身心靈的貧脊之感，誠實地面對，有時候生命是會默默幫自己建構理想的人生。

不能出門上學，卻學會了自學力

童年的歲月，是我自省與自學能力的萌芽期。還記得小時候住在二重埔（當時分成二重埔與三重埔，後來統一稱三重市）中興北街豬舍旁邊，大約六歲的年紀，手掌小小、腿也短短，甚至走路還一搖一晃的時候，居然默默的培養出自我閱讀的能力。

因為當時環境衛生還不如現在發達，再加上身體的免疫系統不夠健康，導致童年的雙腳總是佈滿了爛瘡，父母親剛開始仍希望能安排我到幼稚園上學，因此在開學日的早晨，幫我在腳上抹勻厚厚的藥膏，並套上襪子穿上鞋子準備帶我出門，沒料到當我雙腳踩在地上時，因為藥膏與襪子接觸很不舒服，使得我雙腳的皮膚加倍疼痛，踩一步就發出哀嚎聲，結果，好不容易到幼稚園上課，結果我卻在那兒坐著哭了一整日，最後被父母拎著回家。

雙腳的爛瘡，根本無法像其他同學一樣，在草地上奔跑玩耍，因為沒辦法解決腳上佈滿瘡痍的狀況，父母就和老師討論安排我在家中自學唸書。孩童的時光，基本上可以說是自己一個人度過，父母和老師溝通，精選幾本幼稚園必讀的繪本和基礎的國英數作業，我就在家一邊做作業、一邊挑選喜愛的讀物與繪本，長久下來，也奠定了我自學的基礎技能。

那時候坐在家中的小椅子，靠著小桌子讀讀書、寫寫注音符號，就這樣自在的過了好幾天。偶爾父親會拿兄長或是鄰居的作業本給我試讀，即便是國小四、五年級的書，一開始當然看不太懂，但神奇的是，摸久了也卻不知不覺就有解答了！父母親因為發現我竟然可以自己學會東西，就開始塞一些較難的書給我，讓我學著自己挖掘答案。

缺陷，造就了新能力

對那時候的我而言，雙腳的爛瘡就像是身上烙印的缺點，好多時候心中也浮現著自己能與一般人一樣，光著腳丫踩在地板上互相追逐玩樂的模樣。在那個年紀不能與其他孩子們一起學習的失落心情，就靠著在自學的摸索過程中，投入更多的精神來讀書，抱持著即便不能與其他人一起享樂，但也可以一起成長的信念，度過了這段漫長的童年。

相隔多年以後，回神一望，才知道這或許是上天恩賜給我的優點與特質，原來自學力可能是我的一種天賦，這種天賦雖然是從我討厭的缺點開始，是從一個帶有騷味臭味的雙腳開始，卻也萌芽了我自省且自學的技能！

真正的願望與理想，總是與人們的缺點和匱乏緊緊相聯，只是多數的人不願意面對這項事實。有些人細心的規劃時間，做事隨時隨地都死守著時間點、按表操課，反而沒有投入在做這件事的樂趣中，最終既沒有在時間規劃內達成目標，也沒有隨心的享受生活。

最有效率的生活祕訣，或許是正視自己的缺點，然後傾聽內心的聲音，將「需要」達成的目標列為第一，把「想要」做到的次要目標放為第二，如此就能兼顧需求與慾望。有時候把首要的目標達成以後，次要的目標也會一併達成。

第二章

發現天賦，遲到總比找不到好

每一個人都有天賦，無論是早一點或是晚一點發現，總有一天能活出自己的天賦！

說到底，日常生活終究是在二十四小時的定時世界中度過，睡覺、吃飯、工作……，在這個旋轉的時間大齒輪之中，日復一日地運轉，人的身體與皮膚逐漸蛻變，腦袋與心靈日漸膨脹，每一個人都過著既是平凡卻又有故事的人生。

人生的起點，無法決定未來的最終方向，也因此認出自己的天賦、活出熱情，是一生之中最難的課題。德國文學家赫曼．赫塞在《流浪者之歌》

書中，以主人翁的口氣嘆出大部份人都曾對自己說過的話：「我一切所思所為，不過就是想成為我自己而已，為何竟是如此艱難？」

為什麼活出自己的樣貌這麼困難呢？我想最根本的原因是，人們還不夠認識真正的自己。小學的作文題目，總是會有一題「我的志願」，這個又老又古板的題目幾乎每個人都寫過。有一回，和幾個朋友們聚餐，聊到小時候立下的志願，朋友們侃侃而談說自己的小時候志願是當太空飛人、老師、科學家……在一連串的笑聲之後，我的腦袋竟然一片空白，明明記得自己在小學的學習過程之中，也寫過這個題目，卻想不到自己究竟想成為一個什麼樣的人，模模糊糊好像只希望自己能成為一個好人，不過到底是成為什麼職業、擁有什麼技能等等，幾乎全盤忘記。

你的使命，是什麼？

和朋友聚餐完畢以後，腦袋像是塞了一團棉花球般混沌不明。小時候因為實在不知道未來的自己會成為一個怎樣的人，所以在當時就這樣隨便下筆搪塞，寫了連自己都不記得的一個志願，然後安然地度過了那堂作文課！有些人很幸運，未來的志向早在小時候時開始萌芽，靠著一路堅持最終成為自己想像的大人，但多數人會被社會框架、教育而煽動，導致與自己的興趣或志向背道而馳。

那些與自己志願背道而馳的人，甚至因為對未來茫然，更選擇求神問卜，期盼神明能給予自己一個完美的解答。與其求神問鬼，不如重拾過往的自己，想想自己的天資、天賦種子在哪些地方！天賦是不會消失的，就像是一個人來到世界上的使命一樣，每個人都得達成某些任務之後，才能安然離去。

愛因斯坦曾說：「阻礙我最大的，是我所受的教育。」顯然教育帶給大眾的不見得是全然的正面，有時候或許扼殺了人們的創造力。天賦不見得是看得見的特質或技能，也因此發現一個人的天賦，需要耗費許多精神與時間。

四十歲，認清天賦不嫌晚

坦白說，是在人生的一半以後，我才逐漸看見自己的天賦在哪裡。小時候的學習經驗對我來說是辛苦的回憶，或許是因為幼稚園開始就不太與同學接觸的緣故，導致行事作風顯得比較孤僻，即便是和鄰居接觸，也常常說不到三句話，又加上父母親工作忙碌，所以也不太常和我對話。在別人眼中我可能是一個又自閉又冷漠的宅男怪傢伙，事實上並不是我刻意不說話，很多時候是剛好沒有那麼想說話，或者是不覺得特別需要回應什麼罷了。

我想，與人接觸也是需要練習的吧！就像是享受一個人的時光、和自己相處也是需要經過練習的。童年歲月，我和一般孩子不太一樣，不會害怕孤單或寂寞，反而一個人的時光讓我感受雀躍，我喜歡自己一個人抓金龜子，也喜歡隻身一人到家中附近混濁的小河釣青蛙，和大自然接觸感到自在放鬆，小鳥的叫聲、小河潺潺的聲音，這些大自然的音樂要很寧靜的時刻才聽得見。

有時候，鄰居與親戚的孩子們，因為太過好奇我常常蹲在溪邊的舉動，就會一起往溪邊聚集，久而久之，自己一個人獨處的時光變少，大夥兒偶爾也會一起嬉戲。不過縱使我和大家一起遊戲，仍然是話最少的那一個，我喜歡聽別人說話，大於別人跟自己說話。

或許也因為從小如此的生活模式，導致我的觀察力比別人敏銳，忍耐度也比別人高吧！看著同學們滔滔不絕的暢談，像是閱讀一本不知名的讀物，我與小學同學維持友誼的方式，就是靜靜的聆聽。

我就是很典型天賦不是屬於技能型的人。我的天賦專長可以說是一些綜合性的特質，像是敏銳的觀察力、專注的自學力、堅忍的忍耐力等等，這些都不能說是一個「技能」，這有點像是一個人的特質，不過按照經驗，觀察力、自學力、耐力……等等特質，反而讓我這一生突破很多難關。而認出這些天賦的時候，也不是多年輕的時候，一直到接近四十歲的時候，自己才看出原來我有這些特點，但這也不影響日後的歲月，誠實的面對自己的面貌，反而讓我往後的人生活得更自由自在。

雖然沈默，卻鍛鍊出洞察力

這又讓我想起了另一個故事。還記得讀小學的時候，有一堂是說話課，這一堂課主要是希望讓每個小學生都能練習自己的表達能力，因此課堂的練習或作業都與上台演講相關，這堂課的規則是：每個小朋友都會被編上一個專屬自己的號碼，老師叫到號碼的時候就要上台說話，有時候是要同學上台唸課文，有時候則是會出一個簡單的題目，讓同學們在課堂上簡單的短講。

當然，說話不是一件什麼大不了的事情，可是一次說很多話，對我來說卻是極大的挑戰。光是唸一段課本的字句真的就像是在折磨我一樣，有時候才唸一半還以為已經過了一個小時，而我最害怕的就是隨機短講，雖然老師說上台時帶著小抄短講也可以，但是一聽到是要為了短講而寫的小抄，在座位上書寫時也擠不出超過二十個字。

那個時候老師還嚴格規定，每個孩子上台時都一定要講國語，若是上台講了閩南語是會被處罰的！偏偏我們家都是以閩南語溝通，講國語的時候都是與同學嬉戲的時刻，每週的說話課真的是讓人焦躁難耐，印象深刻的是，有一次因為無法寫出說話課的短講內文，導致輪到我上台時，只能兩眼發愣，雙腳顫抖，耳朵跟臉頰早已赤紅得像嘴巴一樣，那一次站在台上或許只有幾分鐘，但我卻覺得時空靜置，有如幾世紀那麼長，待老師叫了幾聲名字催促我後才尷尬的下台。

十七年的寡言，竟找到語言的力量

在成長的過程中，在父母與老師眼中我是個不擅長表達自己感受的孩子，事實也的確如此，因為個性謹慎再加上害羞的緣故，養成了沈默少言的習性。小時候總是羨慕那些能輕易大笑、姿態自然的同學們，說也奇怪，不過就是能大方的說出心中的想法，但對那時的我而言，表達自己就像是極限的困難挑戰。

沈默少言的個性，也讓我常常反省，一方面對自己無法暢言的性格感到沮喪，一方面又為此而不知所措，希望有朝一日能扭轉這樣的性格。到了國中依然沒有太大變化仍未建立良好的表達能力，一直到就讀高中的時候，忽然從某一天開始，就變得能自在開口和人對話，或許是因為對這世界有太多的好奇與疑惑吧！因此，需要和更多人討論及分享，不知不覺就能泰然自若的表達了！

仔細一算，沉默寡言的時光居然長達將近十七年。在這段時光中雖然充滿困惑，但事實上我不討厭沈默的自己，因為我相信，語言總是會在對的時間發揮力量，謹慎少言，也是對自己跟他人的一種尊重。

有的時候與別人不同，不代表不好，也不意謂缺陷。十七年的沈默時光，因為寡言，卻間接鍛鍊了敏銳的洞察力，未來的我們會變成甚麼模樣，每個人都說不準，經驗過後才知道，一個人有沒有活出天賦，也只有自己能判斷，我們只要不斷的反省，不需要一直找自己的缺點。

第三章

你的缺點，或許也正是你的優點

缺點與優點一體兩面，認清自己的缺點，就會誕生出新的優點。

缺點不是全然的錯誤或缺陷，缺點其實是優點的另一種面貌，所謂的缺點與優點，不過都是自己給的標籤罷了。缺點與優點的關係，就好比失敗和成功一般，在每一個挑戰之中，我們都沒有辦法確認，是不是因為自己歷經了失敗，所以最終獲得了成功；也沒辦法解釋，是不是因為擁有過成功的果實，反而經歷了失敗。事實上，失敗與成功、缺點與優點，都是人生的一部分。

缺點，也有正面能量

日本男子四百公尺跨欄紀錄保持人為末大，長達二十五年的運動員生涯在二〇一二年正式結束，成績斐然的他擁有自己的跑步哲學，誠實面對自我一直是他戰勝自我的關鍵。為末大被各界稱為「訴諸知性的運動員」，一路以跑者身份迎向人生的他，受到大家的稱讚，他總是謙虛的回應：「這看似漫長，實則短暫的競技人生，其實並沒有那麼的光鮮亮麗」。

人生如一場競賽，工作、生活、學習幾乎都會遇上強勁競爭對手，面對人生，為末大透過跑步尋找自我的答案。從大學時期，為末大就開始擔任自己的跑步教練，但獨自的練習卻讓他進步速度緩慢，即便擁有一顆熱愛跑步的心，但身體卻很難達到理想的跑步速度，為了解決這個問題，為末大甚至按照自己的身高、步幅、速率製作了矩陣，希望能以科學的數據檢測運動的身心狀態，他甚至將相近的跑者選手做深入的優勢與劣勢分析，透過觀察別的選手，企圖來改進自己跑步的頻率、步伐和習慣。

經過這一連串的科學分析，為末大終於發現，自己跑速達不到標準的真正理由，是因為自己有扭腳的習性。發現這項「缺點」以後，為末大一心決定改變這項習性，立刻開始修正扭腳踝的習慣，進行各種克服缺點的專門練習，耗費許久的練習時間，但卻沒有獲得什麼進展，於是，為末大開始懷疑：這些缺點，真的是缺點嗎？

經過一連串的自我懷疑與對話，為末大開始重新檢測與自己相似的跑者與自己的習慣是否相符。沒想到，最終除了發現別人的缺點以外，也看見了更多缺點帶來的正面能量！原先為末大為了控制扭腳踝的習性，但卻忽略了改變這個習慣，有可能要適應更多新的習慣，當他領悟這個道理的時候，才發現原來缺點其實也隱藏著一份禮物。

為末大曾說：「缺點的存在不全然是缺點，往往和優點是同時並存的。」確實如此，有時候生活中的一些偏執，反而會讓自己通往成功的道路，因為這些被自己視為「缺點」的特質，在某些時候卻是最有利之處。針對為末大調整扭腳踝的習慣，他也從中觀察到，雖然可以練習將腳踝固定了，但是卻也因此面臨了新的風險，不但不能如以往一般能跨出最適合自己跑步的步伐，而且為了固定腳踝，更會導致在跑步時雙肩搖晃、步伐不穩的窘境，反而為了要克服這些問題，又要培養其他新的習慣。為末大後來發現跑步時「扭腳」這個與眾不同的特點，會讓自己身體更平衡，跑得更快，也就是「扭腳」不是缺失，反而是優點。

為末大曾用科學的方式檢視自己的缺點，甚至認真地列下了一份「缺點清單」，並企圖清除這份清單的特質，沒想到針對缺點所做的修正練習，反而讓他重新認識自己。世界上每個人都是獨一無二的，並沒有所謂完美之人。一般人因為期盼自己能夠完美，所以有時候會埋怨自己「如果沒有這個缺點就好了」，想盡辦法消弭缺點。但是，如果過度矯正，老是想要去除自己原有的特質，有的時候連自己美好的樣子也會一併消失。

不完美，也很美麗

再舉一個例子，加拿大的知名模特兒溫妮．哈洛（Winnie Harlow），身上擁有一個與眾不同的地方，讓人一看到她就不停地注視。

多數人心中「美麗」的模特兒，不是擁有纖細的腰、白嫩的皮膚，不然就是凹凸有致的健美身材。雖然溫妮擁有纖細的身型，漂亮的長髮，但她的皮膚卻有不同的花紋與色調，她患有罕見的皮膚疾病白斑症，這種病因為皮膚的色素沈積而導致細胞死亡，溫妮身上的皮膚佈滿一塊一塊的色調，但卻不減她的個人魅力。

溫妮發病的時候只有四歲，皮膚上的白斑點，讓人一看到她就笑稱是「乳牛」、「斑馬」，成長的過程中溫妮飽受歧視，沒有人想過擁有如此外貌的她，竟然在未來會成為一名知名的模特兒。

在二〇一四年第二十一季知名模特兒選秀節目《超級名模生死鬥》（America's Next Top Model）中，溫妮以與眾不同的外表，成功吸引了每一位評審與大眾的目光，更成為擠進前十四名的競爭者之一，日漸有了知名度的她，名氣在網路上病毒式的擴散，許多大名鼎鼎的時尚攝影大師更紛紛邀請她合作，溫妮終於發現美麗不再被狹隘的定義，能夠真實地呈現自己，才是美的最高價值。

事實上，溫妮一開始不是如此的接納自己，也曾對自己的皮膚感到恐懼及討厭，甚至在青春期時曾有過想結束生命的念頭，但很快的，她馬上意識到若是為了外在的面貌而結束自己的一生，是個愚蠢至極的行為，自己的獨特面貌與靈魂，才是一個人最美的地方。

「我愛自己，因此機會才會落在我身上，而這一切我感謝上天。」溫妮靠著這樣的信念，將他人眼中的缺陷，蛻變成唯她獨有的美麗特質。時尚與潮流，是一般人對美麗、流行事物的最佳註解，然而時尚的人事物都與一般人一樣有血也有靈魂，她很早就認知這件事情，如果能好好正視自己的缺點，人生就能一次又一次的突破，不完美也很美麗。

不管你是二十、三十或四十歲，在開始展開自己人生的下半場之前，可以找個時間檢視自己的上半場人生，關於那一些別人認為不好的特質，或者是自己厭惡的特別習性，有必要重新的再掀開來重新思考，如果能看透缺點隱藏的優勢，有的時候就能逆轉整個人生。我也曾經討厭自己不愛講話的個性，自閉與冷漠時常是別人給我的第一印象，歷經很長的一段時間，找到自己自閉、孤獨的優勢以後，也更能包容對方與自己。檢視自己的人生，是每個人的必修課，上半場的人生或許總會有些遺憾，在下半場的人生開始之前，不妨試著將遺憾扭轉，請善待自己，你的缺點，或許也是你的優點！

第四章

懂得失敗，才懂得成功

沒有永恆的成功，也沒有永遠的失敗，調整自己並為自己的理想續航，勝利女神將在你身旁。

我想每一個人都知道，獲得成功是一件甜蜜的事情，而失敗則讓人苦澀、難堪。我嘗試過很多事物，體驗過成功的滋味，也理解失敗的抑鬱。成功與失敗，它們如同一把雙面刃，成功會經驗美好，但可能會因為過度自信而變得自大驕傲；失敗會讓人沮喪，但也可能因這次的教訓，而重新出發變成更好的人。

沒有永遠成功的生意

有句話是：「千金難買早知道」。經歷失敗的過程，我真的希望自己能成為一個預知未來的人，或者是擁有一台能時光倒流的時光機，讓釀成重大錯誤的自己有機會彌補。

年輕的時候，因為一直期盼自己能成為一個事業有成的人，希望能賺取足夠的財富，讓自己的家人過富裕的生活。在家族中，我有一位親戚曾經是一家製造金屬汽車保險桿模具公司的老闆，這位親戚因為年紀稍大，再加上公司當時面臨一些危機，因此邀請我投入這間工廠，希望能讓這間公司轉型，一接到這位親戚的邀請，我立刻答應，也希望能發揮自己的所長讓這間公司解除危機。

一踏入這間公司，我立刻開始蒐集關於金屬汽車保險桿模具的各種資訊，諸如市場的趨勢、零件的各種背景、這家公司的風評等等，當時因為大陸製造的金屬汽車保險桿比台灣製造的便宜很多，導致市場零件的行情價錢亂了套，我一得知這項消息，便馬上決定開始著手搜尋我們公司的客戶資訊，沒想到正準備調查的同時，才發現一個驚人的消息，那就是我們公司居然只有一個客戶，因為這個客戶的下單量夠大，導致老闆並沒有特別開發其他客源，一發現這個訊息我非常的緊張，但卻也不知道該如何是好，即便這不是一個良好的客戶，但為了生存也只能繼續合作。

這間公司本身也生產金屬汽車保險桿零件，但特別的是主要為生產大型金屬汽車保險桿零件，因為單量大也充裕，於是將自己產能不足的部分提供給我們開模與製造，等我們的產品製造完成後，再經由他們全部販售，最後他再向跟我們收取授權金，一開始老闆因為這樣的商業模式而成功，口袋裝滿了現金，很自然的不太知道只有一個客戶潛藏著什麼危機，等到現在碰上了危機，才開始思考要轉型、改變。但最終逃不過環境的淘汰，很快的我們公司被別人鎖定購買，但我們什麼也不能做，只能眼睜睜的看著公司被別人收購，這件事後來給予我那位親戚很大的教訓，讓他學習到「一次成功，不代表日後也能成功」。

失敗，也是一件好事

世界知名的NBA運動巨星喬丹（Michael Jordan）曾經說過經典名言：「我能夠接受失敗，因為每個人不可能在各方面都表現得很好，但我絕不能接受不再多方嘗試。」大部份的人品嘗過成功的果實以後，人生會出現一陣停滯期，站在高峰時就遺忘爬到高峰的那段過程，而這是最危險的，因為如果不保持續航力，有一日會跌到山下。

個性好勝又好強的喬丹，之所以能持續的打破自己的紀錄、奪得金牌，靠的正是一顆不怕失敗的心，曾經有一名記者看不慣喬丹，就在一次公開的訪問場合中，絲毫不給他面子的提問：「根據我過去的整理資料與統計，你可是NBA賽事以來，比賽最後十秒鐘內投籃失手次數最多的球員，對於這個不太光彩的紀錄，你有什麼看法嗎？」沒想到喬丹不但沒有退縮，反而還露出自在又自信的笑容回答：「我並不知道自己有這個紀錄，不過在球賽進行的十秒之際，隊友仍然願意傳給我球，我想他們應該是非常相信我的技術吧！不然怎麼願意在最後的關鍵時刻將球傳給我，那時如果我不出手投籃，贏球的機率將會是零，但如果我願意投籃，無論如何，都有機會獲勝。」這時提問的記者臉色慘綠，喬丹沒等記者回應就緊接著說：「一直以來，我有一群相信我的隊友、支持我的球迷，所以我有無比的信心，即便我這次失敗了，他們也會等待我的下一次成功，而我也能從失敗的過程中慢慢的進化與成長。」

你是否不怕失敗，勇往直前？

所有完美得分的灌籃，背後都可能有很多次的失手，如果喬丹在投籃的時候每一次都要思考進球或不進球，永遠都不可能有獲勝的機會。事實上，喬丹在他的職業籃球生涯中有超過九千次的沒進球紀錄，甚至輸了三百場球賽，還有二十六次在最後的關鍵一刻沒投進致勝球，他一次又一次的失敗，這些失敗的過程中有人嘲笑、有人鄙視，但無論別人的反應如何，他依然保持正向的運動精神，於是成功的女神總會又站在他身邊。

沒有偶然的成功，也沒有偶然的失敗。每一次別人問我要如何突破困難，或者是更直接的問我該如何賺大錢的時候，我總會反問他們：「是否有持續在自己的工作上下功夫？」或是「是否有不害怕失敗，繼續朝著目標前進？」每次詢問他們的時候，對方通常都啞口無言。成功的原因大部份的人都知道跟努力有關，好像越努力就越有機會成功，但我不認為這是唯一的答案，續航力跟調整力或許是扭轉失敗的真正關鍵。

喬丹能獲得這麼多輝煌的成績，是因為他有很多次的失敗經歷，在每一次失敗的經驗中，他不斷的調整自己，才可能焠鍊出續航力與驚人的運動精神，也因此在運動界留下了傳奇的歷史，許多人因為忍受不了失敗，調整自己一次後就停止了，導致離成功越來越遠。每一件事情會發生總是有個原因及理由，在我們不了解事情發生的原因，也就不能理解失敗與成功的哲理。

保持「跌倒再起來」的信念

在親戚工廠工作的那一段日子，雖然日日夜夜在那裡上班，心思也算投入，但我卻找不到一定要在那裡上班的價值，當時因為一心只想賺錢，想讓家人過好日子，從未思考自己能在這個崗位做什麼、給予公司什麼，每日忙碌的工作內容加上公司的危機，也讓我忽略了這一點，想想其實我只是謹守本分，把我的工作做好，也許沒有使盡全力為公司規劃未來，最終失敗了也是正常的，雖然後來公司倒閉了，但在未來的道路上，我知道如何才能更完整的面對工作與生活。

成功與失敗的距離只有一小步，而這一小步卻又是一大步，恆心與毅力，是邁向成功的最大助力，它往往在一個人的挫折中表現出驚人的力量。大鳥能不停展翅的飛躍海洋，正是因為靠著一股恆心，讓他們成功到達彼岸。現實的生活沒有時光機，不能回到過去改變未來，也因此不需要一直記得失敗或成功的滋味，但要保持跌倒的時候能再站起來的信念。

第二部

當你勇敢追夢，全世界都會來幫你

我知道自己正在往高峰的路前進，回頭望著跌入谷底的時期，我不再埋怨，凡事感謝，感謝所有人事物的出現，過去的傷口已留下深深的疤痕，而我沒有想要去除傷疤的念頭，因為這些都是置之死地而後生的人生真相。

在生活中找到一件喜歡的事情，就能讓人活得更有動力。待在上市公司擔任研發部門主管的經歷，我開始與富足變得有緣分，不再想著貧窮的苦難，從曾經包小籠包的手，到擁有幾十項專利研發的手，我看著我的雙手，更加確定人生不會只有低潮，我終於邁向我嚮往的人生目標。

生命就是如此神奇，從來沒想過自己會踏上創業這個領域，更難以相信竟然是對環境友善的環保生技。化學和科學的蓬勃發展，讓人類的日子有好也有壞，也因此我博士班的同學Andrew決定要使用天然的緩釋技術，讓擁有廣大水稻田的台灣能免除福壽螺侵擾，並且使稻米能健康生長。我十分認同Andrew的理念，希望我能以過去的專長一同加入創業，這個邀請讓我越聽越熱血，在討論的過程，我們一拍即合，於是，我當場加入創業的行列。

第一章

活著與死亡教會我的事

死亡，是一件悲傷至極的事情，但活得不快樂，卻也是令人更哀傷的事。

死亡，一直是人類最恐懼面對的議題，但數千年來人們從未停止思考這個議題。在還沒真正遇見死神前，我對生命恐懼，既不明白活著的意義，也不了解死亡的衝擊。

錯誤的念頭，導致悲劇

當親戚的工廠面臨失敗以後，生命忽然間失去重心，短暫的工作空窗期，除了被焦躁和焦慮席捲以外，整顆心都是想著要如何賺錢、如何讓妻子與孩子們過得更好？當時，因為一位親友的一句話：「要不要去騎樓下開間小籠包店呢？」心裡有所動搖，欲望像是海浪一樣波濤洶湧，為錢途著急的我，馬上做起一個錯誤的美夢，那時心想也許這位親友所給的建議，說不定是人生的一個新出口！

畢竟台灣的美食一直在世界佔有一席之地，許多第一名的美食都從台灣崛起，像是甜味與口感皆恰到好處的珍珠奶茶、味道濃烈卻俱特色的臭豆腐，還有世界知名的鼎泰豐小籠包！是啊，也許我可以靠著台灣的美食闖出一片天！這個念頭就這樣在此刻發芽，而且看起來越來越可行。

很快的，我看上了一個騎樓的店面，便宜的租金便馬上租了下來，心想一切都會好起來的，就一頭栽進這個「新事業」，為了壓低成本，除了基本的外場服務人員之外，連我本人都一同在內場捏著小籠包，還記得觸摸到麵粉與餅皮的那一刻，我看著自己的雙手，卻覺得十分陌生，好似不是自己的手在捏小籠包一樣，心裡既複雜又不安的情緒浮動了整顆心，為了不讓別人發現我的恐懼與不安，只能雙眼緊盯著肉餡兒與麵粉皮，快速的一個又一個的包著小籠包，我在心中告訴自己，有一天也許有機會也能捏出像是鼎泰豐一般的小籠包。

隨著一天又一天的開業，捏小籠包的雙手也開始變得靈巧，但這並不是一個特別好的預兆，因為每一次捏著小籠包的時候，心中的不安絲毫沒有銳減，我刻意忽略心中的真正感受，還不斷喃喃自語的說：「做，就對了」。果然，無知與對自己的不誠實會造成生活的反撲，在騎樓販賣小籠包的日子，不但生意平淡，還讓大女兒被同學以「小籠包」當作綽號取笑，大女兒每一次見到我捏小籠包時眉心都會蹙起，然後和太太說自己被同學稱為「小籠包」的日子，一聽到大女兒這樣被同學取笑，心裡除了感到抱歉以外，還有很多的不捨。隔天到騎樓下準備開店的同時，我一面看著人來人往的人潮，一面看著自己日漸粗糙的手掌，開始想是不是應該結束營業，另尋他路。

與死神相遇

大女兒那時的年紀才國小三年級，外在的個性與內在的品性都尚未成熟，也因此與父母、同儕的互動是最重要的學習過程，讓孩子一路上都能快樂地成長是我最珍視的事情，只要一想到大女兒因為我賣小籠包而被嘲笑的情景，我的心就立刻揪成一團。

大女兒的個性活潑外向，圓圓的眼睛和甜美的笑容，特別討長輩喜歡，熱愛跳舞的她，在國小三年級時還學習了新疆舞蹈，不同於流行舞蹈的舞姿，融合了傳統又獨特的舞風，讓大女兒在同儕之中頗為亮眼，我喜歡看她舉手投足跳著舞、開朗的大笑，雖然個子還小小的，但每一次跳舞時都像個小精靈似的，非常美麗，一直以來，我都認為她會一直這樣在我們身邊，活蹦亂跳地在我跟太太身邊跑來跑去，惹我和太太生氣時向我們撒嬌，開心時拉著我們去任何地方。

落入人生絕境

某一天，大女兒忽然間生了一場病，原本以為只是小型的流行感冒，便快速的將她帶到家附近的小診所看醫生，醫生貼心的開了藥方，吩咐我們按三餐補給，雖然服藥了一陣子，但狀況卻一直沒有轉好，過沒幾天大女兒竟然嚴重腹瀉發燒，而我因為忙著小籠包的生意，沒太注意孩子身體的不舒適，心想應該吃點藥就會好，沒想到回家時看見大女兒居然陷入昏迷，我的心像是著火一般，焦急又慌亂，只管拿起電話叫救護車來，我抱著大女兒軟軟又發燙的身體，整個身體都在顫抖，我親手將她昏迷的身體放到救護車上的白床，我的眼淚從眼睛深處不停地流出來，我知道我就要失去她了，當腦海直覺地說出這幾個字時，我的耳朵只聽見淒慘的尖叫聲，原來那是從自己身體內發出的聲音，從心底至喉嚨傳出的巨吼，既瘋狂又恐懼，我就這樣一路搭著救護車嘶吼到醫院。

到了醫院以後，大女兒進入急診室急救，我目送著她，用發抖的聲線喃喃自語的說著她會好起來……等了好長一段的急救時間，醫生從冰冰冷冷的急救室走出來，用低沈的語氣吐出「太晚了！已經急救無效」這幾個字，這時，我卻什麼話也說不出來，所有的情緒都哽咽在喉嚨，靈魂跟心臟有默契的一起在此刻破裂，我留在急診室的外側，與死神擦肩而過，眼睜睜地看著死神帶著大女兒離去，我雖然活著但卻像是和她一同死去。

我居然就這樣失去她了。大女兒離去的消息久久不能適應，有時候早上起床，想親親她臉龐的時候，又突然想起她已不在了，最後又呆坐在床邊，發愣好長時間，痛苦與哀傷的情緒吞沒了我快樂的本能，那時的我似乎進入癲狂的狀態，偶爾傷心掉淚、偶爾則憤怒自責不已，身心狀態的不平衡，也讓我接連發生頻臨死亡的情況。有一次和太太說話時，忽然之間腳底感受到一股尖銳的刺痛，很快地這股刺痛蔓延至雙腳直至全身，身體還無法意識發生什麼事情的時候，卻感到一陣暈眩，天懸地轉之間，我已經昏倒在地，呼吸急促的片刻讓我急著想將自己扶起，但卻手腳喪失力氣，還好身旁有太太和家人的陪伴，立刻叫救護車送我到醫院緊急處理，才又撿回一條命。

愛恨悲喜，一念之間

心裡的情緒確實是會影響到身體的，原本不信身心相連這種說法，但因為失去大女兒的緣故，不但讓我的日常生活變調，連身心也失去了重心。大女兒離去的半年內，身體扛不住苦澀和悲痛，導致我動不動就莫名呼吸困難，因為悲傷的侵襲而造成心絞痛、呼吸缺氧，醫生診斷的建議，都是柔性的勸說與安慰，可是我一句話也聽不進去，我選擇默默的承受這些痛苦，因為我知道這是選擇錯誤所導致的結果。

「生命是非常脆弱，卻十分珍貴的」，這個道理在還沒遇見死神之前我就知道了，但是等到死神帶走我的大女兒時，才知道生命竟然如此平凡且渺小。每個人都知道有一天會死，但卻沒有人把這件事情當作一回事，大部份的人忙著整理自己的事業、忙著交際，甚至花時間追蹤無聊的八卦，而忘記留最寶貴的時間，照顧身邊最親密的人。

死亡，是一件悲傷的事，但活得不快樂也是一件悲傷的事。回想準備開小籠包店之前，盡是想一些賺錢的美夢，被物慾與名利侵擾，明明腦海中一直有股聲音叫自己冷靜、學習等待，但是卻不相信，最後不但沒有擁抱美夢，反而還喪失了深愛的人。大女兒的死亡讓我不得不正視活著與死亡的意義，愛與恨、悲傷與喜悅都是一體兩面，或許曾經經歷死亡的人，才更能懂得如何活著。

第二章

與痛苦共存，與快樂共生

生活沒有白走的路，過去的失敗經驗可能會造就一個人的成功，人生不會永遠的低潮，也沒有永遠的成功。

不聽自己內心聲音的人，終究難以踏入上帝安排的康莊大道。大女兒離開我們身邊之後，雖然花很長一段時間「平復傷痛」，但我活得比以前更謹慎、細膩，做任何一個決定以前，總是會一再的省思，畢竟生命還有很長的路要走，凡事不能只想著美好的結果而逃避辛苦的過程，生命不會莫名其妙的終止，思慮過多只會讓人裹足不前，歲月雖然在臉上劃下了好幾道疤痕，但是心卻比年輕時更加熱情。

人生不會只有低潮期

曾經在谷底的命運，終有一日會漸漸再至高峰，只要懂得誠實面對自己。現在回想起過去的自己，應該算是落入了人生的低谷，在生與死的邊緣來來回回、進進出出，而現在如同站在山的高處往下看，雖然不到高峰，但我知道自己正在往高峰的路前進，回頭望著跌入谷底的時期，我不再埋怨，凡事感謝，感謝所有的人事物的出現，過去的傷口已留下深深的疤痕，而我沒有想要去除傷疤的念頭，這些都是活著的真相，學習當下擁有的每一天，把每一天當成最後一日來體驗，祝福周圍的每一件人事物。

懂得珍惜活著的日子，反而每天都變得很忙碌！想學這項技能、想帶家人去更多地方旅行、想和很多人分享快樂……諸多的念頭不斷的跑出來，時間變得很不夠用。在二〇〇二年，我進入了一間以設計與製造筆記型電腦（Note book）零件的公司，最初我在這間公司擔任研發工程師一職，但隨著時光的流逝，我不知不覺已經在這間公司服務了超過十年，等我察覺在這裡工作的時間，才發現自己居然已經成為一名研發部門主管。

十年磨劍，擁有七十張專利證書

上半輩子的人生，已經遇過低潮的洗禮，下半輩子的人生只想要好好認真地活著，這段工作的時期，恰巧碰上台灣蓬勃發展的時刻，全世界的筆記型電腦基本上都是由台灣代工，一座小島上靠著代工創造出許多奇蹟，每個工作夥伴用盡全力的為台灣攢更多的錢。

除了公司的代工部門忙碌以外，研發部門的業務也比過往時期多了好多倍的業績，忙碌的時候真的連吃飯的時間都沒有。許多人一聽到我從事研發工作，總是會認為這是一個耗費腦力的工作，不過我卻覺得「研發」

不只是使用腦力，更是耗盡心力與體力，這是一份需要全神貫注思考、手腦並用的專業。

每天的工作除了操控電腦畫產品之外，還要想什麼樣的產品最適合大眾，研發是從源頭出發，從零開始，如果偷懶不懂得思考，就難以開發出實用的產品。我享受在研發部門的工作，雖然工作量大，既耗費腦力與體力，不過卻是讓人樂此不疲的事情。

在生活中找到一件喜歡的事情，就能讓人活得更有動力。待在研發部門的這段時間，我陸陸續續地取得大約三十件發明專利、新型專利，又因為一件專利可能會申請兩至三個國家，所以嚴格來說，我擁有了大約七十幾張專利證書。看著這個數字不斷在增加的同時，有時也為自己感到驚訝！

這間公司隨著科技的蓬勃發展，也使得員工人數從原本幾個人的家族企業，一路成為IPO（Initial Public Offerings，首次公開發行股票）的上市公司，老闆也一夜致富，成為億萬富翁，而員工則是分到一些股票，我開始與富足變得有緣分，不再想著貧窮的苦難，拿到股票的那一刻，我看著我的雙手，更加確定人生不會只有低潮，我終於邁向我嚮往的人生目標。

失敗，也能造就成功

在研發公司工作中，除了得到富足與成就之外，還學到幾件重要的事情，其中最為重要的就是：要懂得與辛苦和痛苦共存，與快樂和喜悅共生。當時台灣經濟會如此蓬勃發展的原因之一，除了是時機點的問題，另一個重要因素，也是因為台灣高科技產業正在建構上下游龐大的供應鏈系統，這雖然讓商機源源不絕，但事實上卻也造成代工業的痛苦，許多代工業以普遍微薄的低利潤代工，因此在這個行業工作的人，基本上都是扛著很多的壓力與痛苦，每一天都被大量的訂單追趕，壓得喘不過氣來，基本上每位員工都是扛著三個人的工作壓力，那時的代工廠更被戲稱為血汗工廠。

因為在如此高壓的環境工作，每個人的脾氣與耐性也被磨得徹底，若是抱著逃避壓力的心態工作，很快就會承受不住工作的苦悶，但若是以正面的心態面對，反而能激發更多的潛能。

與苦共存、與樂共生，已經算是整間公司每位夥伴都必須學習的技能，而長期待在研發部門的同仁，還會擁有一個特質，那就是培養出追根究底的習慣。一個產品的好不會沒有原因，同理可證，一個產品的壞也有理由，研發部門就是要像一名研究員、調查員，去尋找產品的問題點，好的要找到、壞的也不放過，如同偵探柯南般盡速找到問題根源，並且能夠在最短時間內解決這個問題。

或許是因為待在研發部門的緣故，我變得更習慣性的思考，探究各種層面的問題。有時候看著擁有研發能力的雙掌，會想起父親昔日的話語，父親說斷掌代表著成功，不管遇上什麼困難，擁有斷掌的人都可以克服。

最深愛的人，會給你最堅定的力量

深如巨河的線條從雙掌而生，兩隻手一攤開來，兩條深深的線軸還可以連成一線，遇到困難的時候若是望著雙掌，好像手中的河會流動一樣，清洗生活的困難。日常片刻裡總是有讓自己沮喪的事情，但看著掌中的這條巨河時，也緩緩的將我帶往與父親的美好回憶，於是，勇氣就在回憶的過程中誕生。

有很多事情在發生的當下我們毫不知情，等經過時間的醞釀，到後來漸漸明白。

小的時候，父親總是掐著我的腋下將我抱到他的大腿，然後瞇著眼睛、緊緊抓著我的雙手，一邊看著掌上的紋路、一邊用鏗鏘有力的口吻說：「手上有斷掌的男生，有幾種正面意義！兒子啊！你以後說不定是一名聰明絕頂的人，或者是好命的秀才……」父親說著這些話時，一點都不是用迷信的口吻說著，而是用一種深信不移的態度與我溝通，我坐在他腿上靜靜聆聽父親的話語，一邊想著未來自己的模樣。

當時的我只是很單純的以為，父親所說的這些話，那是基於父親對我的愛，世上沒有不愛自己孩子的父親，我的父親也是如此，他花很長的時間稱讚我，是因為他愛我。但事實並不只如此，父親的稱讚，裡面含有百分之百的信任感。後來我才知道，一個人的生命中能有一個人如此相信自己，就會推動勇氣的力量。

儘管獲得勇氣力量的方法不止一種，任何朋友、親人都有支持自己的能量，但能從深愛的人得到肯定與信任，那是最純粹、最堅定的力量，而這股力量會推動著生命的巨輪，更可能改變一個人的生命意義。

第三章

立定創業目標，努力向前

或許，我們都不需要刻意地規劃所謂的人生第二春、第三春，在這之前，試試看將自己歸零、重新開機，順從生命的流動，做就對了！當你覺得可以為世界做點什麼，你的心變得更自由了。

什麼都不想的時候，反而更能一直向前邁進，顧慮得越多、思考得越複雜，最後可能什麼也完成不了。人活到一定的年紀後，都是需要重新開機的，超過三十五歲、四十的年紀，該如何規劃與迎接往後人生的第二春？沒有什麼特別的方法，就是將自己這台機器重新歸零，再次開機。

所謂的歸零，就是重新整頓自己。歸零不在於外在做了什麼，而在於心裡改變了什麼。每個人的歸零方式都不同，有的人可能是旅行、運動，而我則認為學習與閱讀，是最基本且簡單的歸零方式。

懂得順服，順應上帝的指引

我一直都希望自己有一天能考取博士學位，一方面是本身就喜歡吸收新知，另一方面也算是相信父親從小對我說自己有機會成為一名「秀才」。我在工作之餘，也常常搜尋博士的相關資訊，但最後都因為和現實工作時間有所抵觸而作罷。直到二〇一四年時，遇見了袁建中教授，生命的巨流儼然又再次轉了個彎，我擁有了一個能進修成為博士的機會。

袁教授有「台灣創新育成中心之父」的美名，當時袁教授擔任公司的創新研發中心審查委員，而我則是擔任該公司的研發部主管，因為彼此投緣相識，某一日在討論公事的時候，忽然聊起我想讀博士的心願，原本只是相互分享閒聊，沒想到袁教授當場鼓勵我去讀中國大陸暨南大學產業經濟科技管理學程博士班，他簡單的介紹課程綱要，並說明上課時間等等，袁教授跟我說這個消息的時候，事實上已經是博士班截止報名的前一日，我聽著袁教授的資訊內心非常激動，於是趕快上網看詳細的資料，閱讀到上課時間的資訊時，上面寫著「每月週六與週日」，看到這一條訊息心裡更是喜悅，我想這樣不但可以利用平日時間工作，還能利用假日的時間進修學科，於是快速地填寫了報名資訊，急急忙忙地在一天之內完成報考博士班的手續。

猶豫念博士這件事情已經好多年，好幾次都因為進修時間無法配合而卻步，這次透過袁教授的建議，而能順利以六、日的空閒時間唸書，實在非常驚喜！果然，心裡真正所求的事情，上帝會在最適當的時間賜予你想要的機會，心若是懂得順服，就會接受到這份恩典。

我開始過著空中飛人的生活，在台灣努力工作，到大陸用功讀書，充實的日子填滿著整個人生。我所進修的產業經濟科技管理學程博士班，說起來也十分有趣，這所博士班只招收任職於台灣企業的高階層主管，還記得在博士班面試當天，大概有五位中國大陸的教授擔任審核老師，應考規則嚴謹，每個學生必須做精美的簡報介紹，包含個人簡歷與如何完成博士班學業等。

心有所求，上帝賜予恩典

我在等待簡報的會議室中，看見一位匆忙趕來面試的同學，偶然的交談與自我介紹，得知他從大學期間就開始待在美國，在美國工作的時間至今已經大約二十六年之久，後來他告訴我，他就讀這個博士班的機緣也非常神奇，因為他原本以為來不及趕來參加面試，後來發生一連串幸運的事情讓他到準時抵達現場，竟然在最後的時刻趕上面試，最後，我們總共有四位同學通過考驗而就讀了博士班，其中有兩位在台灣工作，有一位在大陸工作，另一位就是這位在最後一刻趕上面試的 Noah T.，他剛從美國回台灣創辦外商 BC 公司並且擔任董事長。

Noah 在美國工作了二十六年，他曾經在美國擔任過北美華人生物科技協會（Chinese Bioscience Association）的副會長，目前則是北美華人生物科技協會的台灣召集人，這個協會總部位於舊金山灣區，也就是矽谷的所在地，更是生物科技的起源地，這裡算是全球最大的生物科技重鎮。

這個協會總共約有兩千多名成員，有百分之七十的成員不是擁有生物醫藥背景，不然就是具備相關領域的博士學位，算是生技與醫藥人才匯聚的一個協會，各個領域的專家、領導者與創業家，在這個協會裡共同為華人生物科技業，提供理想的科技項目發展與人才交流的平台。

Noah是個有夢想又有理想的人，看著環境漸漸惡化的地球，他也開始想念起台灣這片土地的溫暖。台灣土地雖然小，但卻能種植出許多美好的食材，Noah因為想念這塊土地的滋味，便決定要回台灣創業發展，為這片土地盡一份心力。Noah為旅美華人，曾在北美創建半導體行銷公司，年營業額達一億美金以上，具有豐富的新創事業經驗。回國後從半導體跨足農業領域，並對於臺灣地區法規、資材經銷體系、營運模式深入了解，他計劃將自身所擁有「緩釋技術」向各國申請專利，並且將這項專業技術應用在農業的天然資材農業方面，透過以純植物性的農藥措施，使用在水稻田中，防治福壽螺吞吃水稻苗，避免造成農民水稻苗的損失。

勇敢追夢，全世界都來幫你

化學和科學的蓬勃發展，讓人類的日子有好也有壞，化學農藥造成農民、消費者、農產品、土壤、水資源、空氣等污染與傷害，全球已經開始漸漸意識到化學與科學的破壞性，也因此 Noah 決定要使用天然的緩釋技術，讓擁有廣大水稻田的台灣能免除福壽螺侵擾，並且使稻米能健康生長。

我十分認同 Noah 的理念，也因此當 Noah 邀請我與他合作時，便二話不說馬上就答應。Noah 希望我能以過去的專長一同加入創業，這一項邀請越聽越熱血，在討論的過程，我們一拍即合，於是，我當場加入創業的行列擔任執行董事的工作。

從來沒想過自己會踏上創業這個領域。在現在這個世代，創業隨時隨地都在發生，許多年輕人扛著大包小包的行李，把自己的二手衣服放在市集拍賣，這些年輕人說他們從市集裡創業；有些人則選擇出國研習廚藝，將異國料理食譜結合台菜開設新的餐廳，刁嘴的饕客們因為創新菜色絡繹不絕的前來，這也是創業。

創業沒有既定的格式、模式，也不受年齡的限制，身處這個新世代，人們只要擁有一顆想實踐夢想的心可能就會創業成功。我的工作一直以來也算穩定，即便陸陸續續的有工作上的合作邀請，許多時候仍因為覺得自己能力不及或不適任的緣故而推託邀請，這一次，除了被Noah感動之外，心中也覺得要為世界做一點什麼，創業以後的人生，心好像也變得更自由、無拘無束。

一個人越是不敢去實踐夢想，夢想會離你越來越遠；當你勇敢地去追夢的時候，全世界都會來幫你。創業的我就像是再重新被關機、開機一遍，還沒規劃好所謂的第二春、未來的退休美夢，就迎接新來的挑戰，不過我想每個人應該都這樣，如果心裡感受到夢想的召喚，即便十分困難，也要記得勇往直前的追夢，害怕自己的夢想是愚笨的，有很多時候越是恐懼或害怕，反而會失去更多，立定目標，努力向前，只要做，就對了！

第四章

機會，是留給相信別人的人

機會除了是留給準備好的人，也是留給願意相信別人的人。相信別人所說的好話，就可能讓更多好事，接二連三地發生！

家庭，對每個人而言都有著重要的意義，無論與原生家庭的親密程度如何，大部份的人們仍然希望能與自己的家人更加緊密、親暱，人們想要改善與家人的關係是一件理所當然的事情，但如果角色換成是親朋好友、萍水相逢的普通大眾，我們能夠坦然的與他們相處嗎？或者是以一顆熱誠的心對待他們呢？

每個人都是有影響力的人

與 Noah 合作開了公司之後，漸漸地認識了更多的人，有的時候與勤勞的農夫接觸、有時候與聰明的商家討論環境議題。這些陌生的朋友，聽到我們公司的計劃內容，有的人是熱情的分享關於讓環境變得更好的解決妙方，也有的人則是向我們詢問解決問題的方式，當然也有不少人提出問題潑冷水，帶著懷疑的眼光。和這麼多不同領域的人接觸之後，反而更真切地感受到每個人的各種情緒，低潮、快樂、失落、興奮……他們臉上的表情，反映著他們對生活的態度。

「我希望別人也能快樂的生活！」、「我希望有更多人一起讓這片土地變得更美好！」透過工作，越是和新的朋友們接觸以後，這兩股信念更頻繁地浮出在腦海之中。或許是這一間新創公司有著與眾不同的使命，初衷的希望就是抱著運用生技的力量改變大地環境，讓世界變得更友善、健康，所以不知不覺中，我也希望每個人能以正面的心態看待環境！

好事，會牽引著更多好事發生

以前我也和一般大眾一樣，日復一日的過日子，想著該如何守護家庭，給家人更好的物質生活，或者是想著如何幫助好友等等。但因為現在我所做的工作，與環境有著密不可分的關係，必須關懷的事物也變得更多更廣了，如果關切的都只是圍繞在自己周遭的朋友與家人，那似乎也變得更加狹窄且沒有意義了。

人與人的關係是一張緊密的樹狀圖，當你認識了一個人，言談的交流資訊或故事都有可能遠播到其他的人身上。舉例來說，大部份的人應該都有這種經驗：在與一個朋友飯局或者約會談天的片刻，和對方分享自己的生活故事，屆時，你可能會這麼說「今天我朋友跟我說某某牌子賣的某某器具很好用……」，於是這個朋友可能在約會結束後，回家立刻上網購買你推薦的這項產品；或者是你可能是在吃飯談天的過程，說著今天上班發生的事情，你或許是用「今天老闆對我說了一句我非常認同的話……」當開頭，一旦這個對話框被開啟的同時，你的朋友也不知不覺的被你老闆洗禮了一遍。

分享生活是人類的天性，透過分享能夠讓人與人之間更加理解對方。普遍的大眾並沒有意識到自己的思想與行動是有影響力的，不但只是影響身邊的人，也有可能擴散影響到陌生的朋友，這個道理有點類似蝴蝶效應。

找出最具影響力的關鍵因素

我們都知道蝴蝶效應的理論，是指再渺小、不起眼的事件或現象，都有可能在大環境中扮演著極具影響力的關鍵位置。最知名的案例就是美國氣象學家愛德華・羅倫茲（Edward N. Lorenz）在他的論文中提到的例子：「一隻南美洲亞馬遜河流域熱帶雨林中的蝴蝶，不時的擺動翅膀，居然在兩週後有機會引起美國德克薩斯州的一場龍捲風。」兩者看似毫不相關的事件，居然有關鍵性的連結，當蝴蝶煽動翅膀的同時，身邊的空氣系統也造成了不尋常的變化，原本微弱的氣流因為蝴蝶振翅的波動，讓四周的空氣或其他系統相應變化，一連串的小因子造成了連鎖反應，最後釀成巨大的龍捲風事件。

愛德華・羅倫茲所提出的例子是以科學的角度作為出發，若是從社會學的角度觀察，可以說明社會機制的問題。一個正向的機制，只要正確地運作，經過一段時間的努力，最終可能會有完善的結果；一個負面的機制，即便再怎麼微小，如果不加以校正、調節，最後可能會帶給社會很大的衝擊。

《禮記・經解》：「君子慎始，差若毫釐，繆以千里。」這一段話透露出東方文化對教育的重視，簡單來說這句話的意思是：一開始的差距雖然只有極細微的距離，但若是不謹慎，很可能最終導致的錯誤變得非常嚴重。所以有許多幼兒教育專家，會特別提倡孩童時期的教育，原因就在於一開始的教育若是有所疏忽，可能就會扼殺孩子的天賦。

每當我們遇到問題時，很容易從單一層面思考，以為最終影響事件不順遂或順遂的原因是因為當下的行動。實際情況是，在人們努力期望讓事件完成的同時，如果沒有前面人生的種種努力，最後就不會得到這個結果。

照顧陌生人、對環境友善

在這無數事件中，你所有決定的總體趨勢是正面或負面，是最為重要的。也就是說，每一個人應該要思考自己是正面思考居多？還是負面思考居多？單一事件的決定並不是最重要的，最關鍵的地方是決定以什麼態度前進。有些人說機會是給準備好的人、給有勇氣的人，這也是因為這些人的決定，多半都是往正面的方向邁進。

理解這個道理之後，我更謹慎地關照我的思維，因為思維會影響行為；行為會影響習慣；習慣會影響個性；個性會影響人生。我若是希望別人也快樂，那必須先將自己照顧好，若是希望地球能永續發展，那得先照顧自己的家園。

許多人會問，為什麼要照顧陌生人、要對剛認識的朋友友善？在這之前，必須先思考一個問題，你願意讓自己的環境友善嗎？如果願意的話，那為什麼不這麼做？集結更多友善的人對自己的家園有益，何樂不為呢！

我常說，好事會牽引著更多好事到來，好的人會邀請更多美好的人相聚。許多人說：「機會，是留給準備好的人」，同時，我也認為機會是留給願意相信別人的人，相信別人所說的好話，就有可能讓好事發生。最簡單的例子就像是某個朋友介紹你好的產品，你購買之後也許解決了日常生活的疑難雜症，這就是分享好事的力量。看起來微小但事實上卻不然，假設你購買的產品是一個無毒且無塑化劑的器具，就等於對環境盡了心力，又或者你購買的是一個有機且對環境無毒的食品，也等於減少了一次環境的破壞，即便微小，但每日的累積，將創造出更多善意的力量。

降低對生態環境的衝擊

Noah 創辦的外商 BC 公司經過多年的努力，終於開發出全台灣首支兼具長效且可降低生態衝擊的肥料，財團法人農業科技研究院育成中心表示，經過育成中心一年多來的協助進行產品調整、市場策略、安全性評估後，順利於臺灣地區取得產品販售許可證，並於屏東、桃園等地進行產品驗證試驗，獲得良好的成效。

公司已經簽訂這項產品的臺灣區總代理，將加速推廣此革命性產品給更多農民，進而提高稻米產量、減少藥劑殘留，增加臺灣農產品價值及競爭力。公司所研發的這項產品是利用天然可分解材料，配合專利釋放技術，將原本只是用來防治福壽螺的苦茶粕，從一至兩天效期，可以延長到七天有效期，成功結合化學藥劑及生物防治兩樣優點，將大幅降低農民使用化學藥劑，達到長效防治福壽螺的效果。

福壽螺是稻田常見有害生物，生命力與繁殖力強，每年防治經費高達新臺幣數千萬元以上，至今卻無法根治，農作物被福壽螺啃食殆盡，同時螺害造成的農損又無法申請補助，讓農民損失慘重。公司所開發的這項專利釋放技術，可以有效降低因苦茶粕瞬間釋放皂鹼對生態環境的衝擊。

時至今日，公司目前已經發展出對環境有益的產品，深信透過知識的交流、技術的分享，會有更多的人意識到環境議題的重要性，有朝一日會有機會影響上百、上千甚至於上萬的人們。

第三部

掌握ＬＱ，你可以逆轉勝

好萊塢大導大衛・歐羅素的電影《翻轉幸福》（Joy），非常值得一看，除了是由曾獲奧斯卡最佳女主角獎的珍妮佛・勞倫斯主演之外，這部電影更是傳遞「學習LQ，翻轉人生」精神的最佳作品。

《翻轉幸福》這部電影的背景故事，改編自真人真事，片中主角是一位堅強且充滿魅力的勇敢女性喬伊・曼加諾，她是美國「魔術拖把」的發明人。喬伊原本是一名身兼多份工作的單親媽媽，剛發明時向家人與朋友興奮說著這把拖把的魔術之處，但卻一次次地被潑冷水，她到街頭叫賣也無人理會，直到後來，因緣巧合有機會上美國的電視購物台介紹，想不到竟大受歡迎，才讓她徹底翻轉自己生活的不幸，如今除了擁有自己的設計公司外，更擁有一百多項專利。

如果我們處在負面狀態或較低的LQ指數時，會很輕易的落入失敗、沮喪、頹廢、黑暗、不幸、困難、挑戰、苦難、痛苦或是貧窮的情況，而在這些狀態之中，會讓一個人的生命黯淡無光，LQ人生指數，是EQ、IQ、AQ等指數的綜合，有意識的提升人生指數，將能培養出自己對抗困境的一股強大信念。

第一章

能勝能敗，才能扭轉不被看好的人生

逆轉勝不是一個結果，而是一種心態，積極地面對失敗與成功，知道這些都是平常會發生的事。

運動，是讓人生保持新鮮的一種祕訣。有些人說運動能鍛鍊腦力或肌耐力，也有人說運動可以培養耐性、磨練心性，以上這幾種說法當然都非常正確，不過除了這幾種解答，我想運動或許也是讓人生變得更新鮮的一種生活解答。

忘記輸贏，因為這並不是最重要的事

我打網球超過二十五年，有贏球也有輸球的經驗，有一陣子也常常代表某社區參加業餘社區比賽，運氣還算不錯，總是能抱幾座獎牌回家！不過說起來打網球的快樂，其實是來自經驗的累積。每一次打球的時候，都覺得身體的細胞和感官全部甦醒過來，與隊友競賽的時候，感覺得到汗流經肩夾骨與腋窩的濕度，也可以明顯感受到空氣流動的韻律感，有時候風大一點的時刻，樹葉刷刷刷的聲音會混雜著葉子的氣味，揮著球拍的同一刻，可以感受體溫的熱度，比起輸球、贏球，打球的這種體悟，反倒是我最享受運動的一刻。

在四十歲以前，是為了「健康」在打球，為了鍛鍊自己的身體，打球的時候非常小心翼翼，呼吸的速度與頻率、握拍的手法和技巧都特別的留意，希望透過這些小習慣的培養，讓打球的自己技巧精進也能越來越健康。四十歲以後，也算是年紀到達較為成熟的時刻，除了健康之外，更重視心智與人生的領悟，舉例來說：當我遇上了比自己還強韌的對手時，雖然會激起我好勝心，整個腎上腺素也會飆高，但越是這個時刻我越會刻意放慢呼吸，將注意力集中在每一顆球的來回上，我告訴自己要鍛鍊專注與意志力，心不可以隨著好勝的意念起舞，享受比賽的過程才是打網球的關鍵，勝負並不是最重要的，因此，即便我與對手的競分有很大落差，甚至面臨了輸球危機，但我也不輕易放棄，每一次的揮拍都依然如剛比賽一樣，使盡全力的打球，我認為這不僅是對自己尊重，也是對網球尊重。

身體隨著年華老去是很自然而然的事情，但是心不一樣，人類的心是可以越活越年輕的。皮膚會隨著時光而增生皺紋略顯老態，但是表情跟精神卻可能因為心的年輕而更展現活力。如果內心長期鬱悶，臉上也會浮出僵硬的神情，一旦習慣了這樣的表情，生活就只會變成數十年如一日，然而，這樣的日子過久了，人的心也變得沒有彈性，就像是被放久的水果，軟軟爛爛的。

不讓自己的心軟趴趴，就是我磨練心志的基本方法，好幾次我都發現，在網球場上我學得的態度與精神，都應用在日常生活中，工作也好、朋友的相處也罷，這些精神使我的人生逆轉，不會因為負面的事件而受影響。

培養五勝四敗一和的智慧

運動，讓我成為一個更好的人。在一次又一次的競賽與練習之中，我更瞭解一個人應該如何擁抱失敗、砥礪我的心性，這也讓我領悟許多人生哲學。還記得有一次我整理著近期在網球場上的比賽成績，原先想依照自己的勝場數和敗場數來評估進步的幅度，就在統計賽數的同時，忽然間發現，假設我打了十場業餘的比賽，那麼「五勝四敗一和」的成績，對我而言是最好的結局。

輸贏有時會讓人的心起伏，贏的感受若沒有控制好會讓人驕傲，輸的感受沒接納則會讓自己的信心削減。比賽的過程很重要，需要平常心應對，面對輸贏的時候也是，一開始贏球的時候，面對十勝零敗的局面，我也曾經不自覺的驕傲；而輸球的時候，零勝十敗的局面也對自己感到難堪，信心大受打擊，贏太多、輸太多都是問題。

有勝敢敗，痛快一戰

理解自己的基因裡面潛藏著好勝的性格，對我來說，五勝四敗是最剛好的結局。每一次的競賽都代表我已經全力以赴，所以就算輸了也不會遺憾太多，四敗，代表著自己需要再進步的部分，五勝則意味著自己有維持一定的水準，一和，則是遇上了與自己相當的對手，勢必是痛快的一戰！

人生不就是這樣嗎？需要勝利、也需要失敗，一直都過著一帆風順的人生固然很好，但有起點風浪的日子不代表著不好，好與不好都是自己貼標籤定義的，失敗或許是人生道路上的必然，培養一個全力以赴的精神，迎接每一個挑戰，並且勇於面對失敗、處理失敗，有一天就會養成逆轉勝的性格！

有好多次都遇上強敵，在與對方競賽的同時，總會忍不住讚嘆對方的厲害，比賽的時候，會因為對方的強韌而不由自主的感到恐懼或是沒有自信，但是一想到有如此堅強的對手正和自己較勁的同時，又覺得興奮不已！就算局面已經慘不忍睹，但我卻依然感受到無比的暢快，內心有一股聲音告訴我，比賽的過程絕不會空手而歸，這一場比賽一定會留下什麼！

果然，這一場雖然輸得落花流水，但在下一次與另一個對手對打的時候，我會因為先前的競賽經驗，而學習到新的技巧與技術，只要遇上雷同的情況，我反而可以用當初獲得的技術反將對方一軍！

逆轉勝，絕對不只是一個結果！有些人會以為逆轉勝是奇蹟，逆轉勝絕不只限於當下的結果。反敗為勝當然不是常態，需要幸運跟技術相輔相成，才可能創造美好的局面，但若是最後沒有達到理想的結果也無妨！因為下次也許還有機會獲勝！

創造奇蹟的三大特質

逆轉勝是一個心態，是知道自己會輸也會贏的心態。據我的觀察，我發現創造奇蹟、總是獲得理想結果的勝者，他們通常會有幾個特質：

第一點，他們都不太容易受到外在的干擾。以傑出的運動家為例，他們無論是面臨強勁的對手，或是今天的狀態稍微不平衡，傑出的運動家仍然很專心地面對當下的困難，外在此起彼落的聲音並不會讓他們停止場上的競賽動作；以一個成功創業家為例，剛開始的創業過程，通常隱藏著許多不可預測的風險，但若是既擔心又緊張，反而什麼事情也做不成，聰明的創業家不會因為外在的因素而干擾了自己的決定。

第二點，做自己想做的事情。獲得理想結果的優勝者，我發現這類的人他們都只做自己想做的事情，這意思並不是遇上不喜歡的事他們就退縮。「做自己想做的事情」，象徵了他們對一件事情擁有使命感與熱情，也因此遇上不如意的事情，他們會想盡辦法克服，靠著熱情、使命感突破，而這股信念與精神，正是讓這一群人創造逆轉勝的原因。

第三點，他們跟相信奇蹟的人當朋友。有一個成語是「物以類聚」，大部份的人都知道這句話的意思，但卻不曉得這句成語反映出人們的交友觀。喜愛吃美食的人通常都有一群愛好美食的朋友、愛登山的人都與業餘運動家為友、嗜書如痴的人一定有幾個愛沈思的閨蜜……，興趣讓人聚集交流，熱情讓人相遇分享，也因此，創造出逆轉勝的人們，他們的好友就是一群擁有堅強意志與信念的人，這群人相信奇蹟會發生、苦難會度過，如果你跟他們說有一天世界會末日，他們只會回答你所以要不枉此生的創造快樂！

對於未來，逆轉勝的人不會擔憂太多，因為世界上還有很多奇蹟沒有發生，他們正是創造奇蹟的人。我們都希望自己的身邊有很多好事聚集，但我得提醒大家，要創造奇蹟，首先，你得成為一個願意相信好事會發生的人。

第二章

原來成功的人，和我們想的不一樣

每個人都有成功者的基因，學習失敗，是通往成功的一條秘徑。

成功者所擁有的光鮮亮麗成就，總是讓大眾稱羨不已，成功人士的生活讓許多人夢寐以求，但是在他們沒有成名之前，他們是如何度過的呢？沒有人天生就成功、也沒有人天生就是失敗。有的時候，在還沒有跌入谷底之前，也許我們都缺少勇敢活著的動力，許多被大眾稱為成功者的人，其實背後都有許多心酸的故事。

大科學家牛頓，被後世的人們稱為天才，但在他剛出生的那一刻，他的命運跟天才完全毫無關聯。牛頓出生在英國一處靜謐的農村中，牛頓才剛出生的三個月左右，父親就已經去世，這時候的他連開口說話的能力都不足，對父親的臉龐、聲音、輪廓都記不清楚，在他出生的兩年後母親很快的就改嫁了，於是，他的童年就被祖母撫養。好不容易到了十二歲，他的舅父資助他進入皇家中學就讀，但是這時的牛頓也不是大眾認知的天才，在學校的課業一落千丈，性格也沈默寡言，絲毫沒有耀眼的地方。

成功者都有逆轉勝性格

若是要說起他「開竅」的經驗，就不得不提到他在學校被一個野蠻的同學欺負的那個片段，在早期的英國社會，因為封建制度影響所及，中小學若是書讀得比較好，就會欺負甚至歧視學習差的孩子，有一次課間的娛樂時光，當同學玩得熱絡的時候，某一個成績優秀的同學就用力踹了牛頓一腳，並且笑他是笨蛋，牛頓的心靈因為當下受到刺激，激起他奮發向上的欲望，於是，他下定決心要好好唸書，超越那個欺負他的優秀學生，後來，牛頓的成績一路向上甚至名列前茅。

知識會開啟人對世界的好奇心。當牛頓讀得書越多，反而越來越不滿足，知識開啟了他對數學與科學的欲望，於是他紮實苦讀，研究各種學問，諸如歐幾里德幾何學、笛卡兒幾何學等，最終發現學術中潛藏的奧祕。有志者事竟成，經過勤奮的鑽研學術，牛頓為自己的科學高塔打下了深厚的根基，他在二十二歲時發明了微分學，二十三歲時發明了積分學，為人類的科學事業跨出了巨大的一步。

大部份的人都只知道成功者轟轟烈烈的成功故事，卻不曉得他們在過去所耗費的心力，那些每天我們抱怨的日子裡，成功的人也都經歷過。曾經有人問過牛頓：「是什麼樣的原因讓你獲得成功？」牛頓謙虛的回答說：「假如我有一點微小的成就，沒有其他的秘訣，只有勤奮而已。」

學習失敗，是通往成功的祕徑

華特．迪士尼創造出許多膾炙人口的動畫，穿梭在動畫世界的他，靠著勇敢做夢的精神，獲得成功。華特．迪士尼曾說：「使夢想成真的秘訣，可以濃縮為四個C：好奇（curiosity）、信心（confidence）、勇氣（courage）以及一致性（constancy）。其中最重要的就是信心，如果你相信一件事，就要毫不保留、毫不懷疑地相信它。」

一九〇一年出生的華特．迪士尼有三個哥哥一個妹妹，出生於農家的他，童年過着不富有但卻快樂的童年。華特．迪士尼從小就喜歡繪畫小動物，對繪畫有著很大的熱情，成長的路上華特一家人都是過著單純簡約的日子，但就在一九〇九這年，大哥和二哥接連離家，父親又染上重病，於是他們只好賣了農場，搬到堪薩斯城，一邊以派報紙維生，一邊上學。

成年的華特．迪士尼，和一般大眾一樣，希望燃燒自己的熱誠好好工作，於是在大哥的介紹下，他到了一間廣告公司工作，但是公司卻既不信任也不欣賞他的能力，面對這樣的壓力，華特．迪士尼只做了一個月就離職了，不過幸運的事情是，他在公司認識了一位同事，兩人還一起創業接了幾個廣告案子，但又因為兩人在那時都不算知名，導致客戶很少，不到一個月兩人的創業之旅就此結束。

經歷兩次的失敗後，華特．迪士尼並沒有就此放棄，他繼續尋找能發揮自己能力的公司，很快的他進入堪薩斯城的某間廣告公司工作，這間公司在當地小有名氣，為許多當地電影院制作動畫廣告，也因此讓他學習了一些動畫電影的技術，待滿兩年以後，華特．迪士尼的技術更為成熟。再一次，他選擇了創業，成立了 Laugh-O-gram Films，更費心製作了《Laugh-O-Grams》動畫短片，風格獨特、畫面精緻的動畫短片在當地受到歡迎，看似成功之際，其實潛藏著巨大的危機，華特．迪士尼不了解成本與收支平衡的重要性，公司最後依然面臨入不敷出而倒閉。

三次創業才成功的迪士尼

一般人經過一次創業失敗，都需要很長一段療傷期才能再次站起，但華特．迪士尼卻一次又一次地站起，他不只相信奇蹟會發生，更信任自己的能力。一九二三年，華特．迪士尼賣了自己喜愛的攝影機，前往加州準備第三次的創業，這次他學乖了，正視自己不擅長管理錢的部分，請哥哥洛伊．迪士尼管理公司資金，讓公司漸漸步入軌道。

華特．迪士尼的創業故事，可說是天份、毅力、運氣三者合一，若在第二次創業後就放棄，恐怕永遠看不到第三次的逆轉勝奇蹟。

我們羨慕成功者的成功，但成功者的成功也是經歷許多挫折與考驗而來，成功者在尚未成功之前，並不知道自己在未來會擁有什麼，他們只知道如果現在不做、不勇往直前，一切都不會有結果。就像是華特・迪士尼與牛頓一樣，在他們努力投入一件事情的過程中，他們並沒有想到往後的結果，只知道得不斷的試驗、歷經挑戰，才有可能往理想的目標邁進。

閱讀成功者的故事，不一定會讓自己變成所謂的成功者，但是閱讀成功者的故事，能讓人們更快速地學習克服挫折的方式！未來的模樣誰也說不準，不同的生活背景和社會教育，將鍛鍊出每個獨一無二的個體，沒有人能模仿另一個人的生命，也因此我們無需羨慕所謂的成功人士，所謂正確與錯誤、好與不好，都要等做了才知道。

科學哲學家卡爾・波普（Karl Popper）提出反證法時曾說：「我們無法證明什麼是正確的，但能證明什麼是錯誤的，只有不停的嘗試才能趨近正確。」成功並沒有一個SOP（標準作業流程）可以遵照，唯有不斷的嘗試，從錯誤中學習，才有機會往康莊大道前進，在羨慕他人的時候，也要記得我們與對方一樣有四隻手、一顆已經進化完整的腦袋、勇敢的心，還有正在培養的逆轉勝性格！

第三章

你可以為世界帶來甚麼改變？

推動世界更美好的計劃，是我的責任，也是每個人的責任。

若是達成理想目標的困難點在於外力時，究竟該如何讓這個計劃實現？或許是向大眾說明這個計劃的重要性，又或者是號召幾個對這一項計劃，有高度熱誠與興趣的夥伴一起推動；無論如何，在推動這個計劃的時候，一定要感動大眾，讓所有人知道這不只是一個小的計劃，而是推動世界更美好的動力！

用愛守護台灣

二〇一七年六月八日，齊柏林導演在記者會上宣布《看見台灣II》預計於二〇一九年正式與所有關心台灣與地球環境的觀眾見面。《看見台灣II》的宣傳片也同步在youtube上線：

「《看見台灣》裡，我們從不曾有過的高度，看見了台灣的美麗與哀愁，再熟悉不過的家鄉，卻是宛如初見，既驚且喜；於是恍然大悟，我們對這個『最熟悉的陌生人』知道多少？

一千多個日子過去，齊柏林再次起飛，帶著我們一起看見依然美麗、卻也仍舊在嘆息的台灣，更飛出台灣，看見日本、中國大陸、紐西蘭、馬來西亞，警覺台灣與世界身處同一片海洋，呼吸同一片空氣，誰也無法置身事外。

《看見台灣II》裡，齊柏林將引領觀眾時空更迭交錯的跨度，看見台灣的過去、現在與未來，跟著潮水、順著氣流、沿著地脈，伸展我們的視野，看見台灣的古往今來，交織出獨一無二的奏鳴曲。」

——引用自台灣阿部電影公司官網

然而六月十日，卻傳來導演齊柏林為《看見台灣II》勘景時，與機上助理及機師墜機逝世的消息，不僅留下未完成的《看見台灣II》，也留給大家莫大的震撼與哀傷。

壯志未酬

回想二〇一三年，紀錄片《看見台灣》上映，票房突破二億，成為台灣史上最賣座的紀錄片。齊柏林首次以空中攝影方式，帶著我們看見台灣山林湖海的美景之外，更該關心的環保問題，如盜採砂石、原鄉部落坍塌、住宅緊鄰危險山坡、河川汙染等環境議題，這部代表作上映後影響深遠，紀錄片拍出高雄後勁溪混濁畫面，陸續因此揭發多起知名大廠汙染事件，也讓人類對自然環境的破壞再度受到重視。

《看見台灣》不僅在台灣引發廣大關注，甚至引起了世界各國的矚目，為什麼一部紀錄片能有這麼大的影響力？原因其實很簡單，因為這部片談論的是一個我們熟知到不行的環境問題。

用鳥的視野，雲的高度，看見這片土地

《看見台灣》耗資九千萬新台幣完成，是台灣紀錄片影史上，拍攝成本最高的電影。導演齊柏林花了將近五年的時間拍攝，在全台灣的上空飛行，總累積了四百小時的直升機飛行時數，全片皆以空拍壯闊鳥瞰的視角，將台灣以一種你從未見過的角度與姿態，呈現在大銀幕上。

「從高山、海洋、湖泊、河流、森林、稻田、魚塭、城市……等景觀，

我們看見台灣是如此的美麗；但我們也看到各種環境面對人們的開發而造成的改變、破壞和傷害。土地累積了一道道的疤痕、海洋沉澱了一層層的汙染。透過各個不同主題章節的串連，我們化作飛鳥，一起看見台灣，一起去看這個島嶼的美麗與哀愁。」——引用自《看見台灣》DVD簡介文字

讀了《我的心，我的眼，看見台灣：齊柏林空拍二十年的堅持與深情》才知道，身為台灣最知名的空拍攝影師，齊柏林其實有懼高症，連雲霄飛車都不敢搭；他只拍台灣，而且堅持拍了二十多年；他原本只是個普通的公務員，卻在退休前三年，毅然決定辭職，放棄即將到手的退休金，投入所有人都認為不可能的空拍台灣記錄片計畫。《看見台灣》美麗清晰生動的畫面，搭配鏗鏘有力的樂音與旁白，讓我們不得不靜下來聆聽齊柏林想對大家訴說的故事，讓我們知道我們深愛的母親台灣正在受傷，而且越來越嚴重。

揭露環境災害，讓大眾看見問題的癥結是一個龐大的計劃，如果沒有真心誠意的娓娓道來，是無法感動廣大群眾的。齊柏林「用鳥的視野，雲的高度，看見這片土地；用心的觀察，愛的厚度，守護她的未來。」《看見台灣》引起大家正視台灣這片土地的環境問題，《看見台灣II》可說是齊導未酬的壯志，我們大概沒有辦法再拍出像《看見台灣》這麼好的作品，但是我們可以在自己最擅長的領域，投入自己的專長，讓我們的環境變得更好。

思考世界與自己的關係

當初看到齊柏林《看見台灣》這部紀錄片時，心裡有很多感觸，腦袋思緒波濤洶湧，但卻怎麼也吐露不出觀看後的感動，只覺慚愧不已。想想每天會發生很多事情，和喜歡的人吵架、煩惱工作、人際壓力……有時候鬱悶的感受在心積累了很多，以為自己有權利說這世界很吵、這世界與我無關，但事實卻是我們常在無形之中，受到陌生人的啟發、遠方的事物牽引，各種資訊與故事都在這個地球的角落發生，世界怎麼可能真的與自己無關。

如果大地是每個子民的母親，那身為孩子的我們，也應該好好守護母親才對。在煩惱今天工作壓力、人際關係不順遂時，如果也能思考一下自己與世界與土地的關係是什麼就好了，我們不自覺地從這個世界裡拿走一些什麼，譬如好吃的食物、美麗的自然景觀……但卻沒想過能回饋給這一片土地什麼。齊柏林以身為空拍導演、環境保護運動者的身份，用力尋找出造成台灣環境問題的美麗與哀愁，同時用鏡頭說話，試圖告訴政府必須要面對這個議題，不僅如此，這枚震撼彈不僅投向政府，更震醒了一般大眾。

而我們又能為這個世界做什麼呢？我想意識到環境出問題的大眾多少都會在心中浮出這個問題。或許這並沒有標準答案，因為能做什麼都好，少用塑膠產品，培養出門帶筷子的習慣，以電風扇取代冷氣，或者是閱讀與環境議題相關的書籍，這些看似不起眼的生活習慣，都可能些微的扭轉一些現況，只要一個人的思想改變，就可能牽動三、五個人的改變，思想會透過語言與行動傳染，要是輕忽自己平日的語言和行為，才會讓力量分散，也許友善的團結，就是能回饋世界的根本祕訣。

結合眾人力量，對環境更友善

如果不知道如何做起，或許可以重新思索自己的身份，以自己的職業專長與興趣，貢獻給世界一點什麼。譬如我身處生物科技產業，根據長期的觀察，生物科技的進步大幅改善人類的生活水平，新的科學技術讓農業和醫藥等領域有了嶄新的可能，越是如此，越要推動一些好的計劃、友善的計劃，環境越艱難的時候，越要往對的方向前進。就如齊柏林身為空拍導演與疼惜台灣的心，一方面為了社會貢獻資訊，一方面又像愛台灣宛若自己母親的情懷。齊柏林希望台灣變得更好、所有地方變得更好的夢想，不知不覺牽動了千千萬萬個台灣人的心，這不是一個人的目標而已，而是一群人的夢想。

世界毫不保留地接納我們的同時，我們也要給它一個溫暖的擁抱，無論你是工程師、設計師、會計師、上班族或者是自由工作者，都可以為這世界做一點什麼，而最基本的是，讓自己的生活變得友善而且有愛。

第四章

認識 LQ，改變看世界的方法

透過 LQ，可以了解解決問題的方法，讓人生過得更接近自己的想像，達成你的夢想。

情緒會讓人失控，太高或是太低的波動，都會對人類造成一定的影響。按照科普記者克莉絲蒂娜·伯恩特（Christina Berndt）所出版的暢銷書《韌性：挺過挫折壓力，走出低潮逆境的神秘力量》（Resillienz）所提到的：「韌性是一種力量，可以讓人勇於抵抗來自周遭苛求，走出陰鬱，重返充實人生。」韌性是一種穩定的力量，它讓情緒平穩，而情緒的平穩則能克服許多困難。

人生潛藏著很多的高峰與低谷，人類的腦與心變化莫測，也因此有許多學者開始以數據的方式去解構人的心智，法國心理學家阿爾弗雷德・比奈（Alfred Binet）提出的ＩＱ智力指數（Intelligence Quotient）更被製成問卷評估智商。哈佛大學心理系教授丹尼爾・高曼（Daniel Goleman）提出了ＥＱ（Emotional Quotient，情感指數），解析情緒智商與人類的密切關係。

隨著科技的推陳出新，對於人類的腦與心了解得更透澈，除了ＥＱ與ＩＱ，也有許多學者提出了其他的指數：ＡＱ（Adversity Quotient，逆境指數）、ＰＱ（Positive Intelligence Quotient，正向智商）、ＭＱ（Moral Quotient，道德指數），無論是何種指數，都指出一種結論：正向的力量，將能扭轉人的性格與命運。無論是培養正向的道德觀、正向的思考、正面樂觀的個性……都能讓人類在面臨逆境的時候勇敢前進。

找出改變的方法

人是複雜難以猜測的，人類的腦袋或許有一套縝密的邏輯與思路，不過心卻難以用邏輯去定義，心像大海一樣，充滿著秘密與智慧。為了讓人們能更理解自己的心與腦袋，因此從早期開始就有許多的學者不斷的提出指數理論，希望能藉由各種指數讓人們往正向的路前進。我在最近五年多來，潛心研究與理解各種心理學說以及指數之後，發現其實每種指數都有互相牽引的關係，舉例來說：一個人的PQ進步，就會提升AQ，原因是若人遇上了負面的情境，以正向思考的力量就能夠穿越困難，而正向思考的力量則會推動AQ的上升。但困難的地方是每種指數都很重要，人們難以評估自己現在最需要提升的是哪種指數，是優先學習讓情緒平穩呢？還是練習讓自己有邏輯？關於這個問題，我想人們或許可以用一個更簡單且有力的方式去縱觀人類的指數，那就是「人生指數」（Life Quotient，簡稱LQ）。

我們以LQ說明人生指數，主要是基於一個縱觀的角度，畢竟一個人的情緒、性格、潛意識、行為……等等，都會影響一個人的人生。我們每天都會碰到各種大大小小的選擇，有些不起眼的選擇甚至隱藏著許多巨大的訊息。譬如一早起床，腦袋要開始規劃，今天想要吃什麼早餐，這時可能就會碰上第一個選擇題，是要選擇自己烹調的健康早餐呢？還是外面買一個簡單的三明治配咖啡？雖然只是簡單二選一的問題，但卻隱藏著「健康」的議題，再往下鑽研一點，這個「健康」議題，還能延伸成許多「心理」議題，如果你剛好是一個以烹調舒壓的人，那麼也許早起做早餐這件事情能帶給你生活樂趣、心情愉悅……光是這個小的選擇題，就可能衍生更多的議題與解決方式。

在面對生活中的各種議題時，我們需要一些「工具」，而LQ指數就像是一種簡單的工具，能夠幫助你簡單的恢復自己的狀態。當人們被煩惱困住時，可以想想提升ＬＱ的方式，因為提升ＬＱ的時候，也包含著平穩情緒（提升ＥＱ指數）、勇往直前（提升ＡＱ指數），這或許不是最有效的方法，但卻是一種簡單幫助自己的方式。

新眼光，面對生命

我們以ＬＱ說明人生指數可以逆轉勝，主要的意義是追求正面的人生，雖然這不代表運用ＬＱ指數就能讓人生變得順利，你還是會遇上挑戰或困境，但鍛鍊ＬＱ，能讓我們處在負面狀態的時空中覺醒，面對失敗、沮喪、頹廢或是不幸來臨時，你將會有新的應對之道。

二〇一五年年末，好萊塢大導大衛．歐羅素（David O. Russell）繼《燃燒鬥魂》》（The Fighter）、《派特的幸福劇本》》（Silver Linings Playbook）和《瞞天大佈局》（American Hustle）等囊括奧斯卡共二十五項提名的電影後，推出了最新力作《翻轉幸福》（Joy），這部電影非常值得一看，除了是由曾獲奧斯卡最佳女主角獎的珍妮佛．勞倫斯主演之外，這部電影更是傳遞「學習LQ，翻轉人生」精神的最佳作品。

《翻轉幸福》這部電影的背景故事，改編自真人真事，片中主角是一位堅強且充滿魅力的勇敢女性喬伊．曼加諾（Joy Mangano），她正是美國「魔術拖把」的發明人。喬伊原本是一名住在紐約長島努力打拼、身兼多份工作的單親媽媽，每天二十四小時對她而言一點都不夠用，她除了要照顧自己的小孩之外還要照顧家人，生活與家庭都有著大眾難以想像的危機，但樂觀且正面的她從不向命運低頭，即便被挫折絆倒，她又再度站起。一九九〇年她發明了「魔術拖把」，這個拖把擁有類似好神拖的功能，能減輕打掃者的負擔，打掃者在清潔時的不暢快與施力點錯誤的問題，都可以運用魔術拖把解決，喬伊剛發明時向家人與朋友興奮說著這把拖把的魔術之處，但卻一次次地被潑冷水，她到街頭叫賣也無人理會，直到後來，因緣巧合有機會上美國的電視購物台介紹，想不到竟大受歡迎，才讓她徹底翻轉自己生活的不幸，如今事業有成的她，除了擁有自己的設計公司外，更擁有一百多項專利。

聽起來又是一個成功者的故事，不過我想這次我們該專注的不是喬伊成功以後的人生，而是她不成功且接近失敗的那個過去。生於仍然以父權為主的時代，女性想要出頭天更加困難，離婚又單親的女性如何在夢想被大眾嘲笑、撕裂以後，又再一次相信自己，這個故事最吸引人的地方，正是女主角重新站起來的那段過程。

面對困境的強大信念

人們需要樂觀者的思考方式，如此一來不僅不用畏懼厄運的侵擾，同時又堅信厄運很快就會過去，如果我們處在負面狀態或負的指數時，會很輕易的落入失敗、沮喪、頹廢、黑暗、不幸、困難、挑戰、苦難、愚頑、痛苦或是貧窮，而在這些狀態之中，會讓一個人的生命黯淡無光，LQ人生指數，是EQ、IQ、AQ等指數的綜合，有意識的提升人生指數，將能培養出自己對抗困境的一個強大信念。

問題發生時，我們都知道要面對與克服，但是心不舒服了，很多事情也變得棘手，當發現LQ指數藏著逆轉力的時候，我觀察身邊的人們，一個擁有「解決問題」能力的人，他們多半擁有正面的LQ指數，各種不如意的事情要是遇上這些人，他們的心不會有太多的波動，平常的運動、習慣也不會因不如意的事情而停止，我發現這是最關鍵的事情，如果人們太容易受到逆境侵擾，而使自己的注意力分散時，就沒有辦法專注地往自己想前進的方向邁進。

鍛鍊ＬＱ的方式有很多種，接下來有很多實質的方法協助你執行，若後續說明的這些方式，你已經在平時就有在練習了，非常恭喜你！也希望你能繼續保持下去，讓自己的心，能更平靜且堅強。

第四部

鍛鍊LQ，逆轉人生方法一：滑滑臉書也讀書

在這個全民都讀臉書的時代，滑臉書已經成為一種趨勢，這也的確是跟世界連結的一種方式，但每個人除了滑滑臉書以外，還是希望每個人能多讀幾本好書，找到生命的力量，即便每天只看幾頁也很好，一年有幾本書的閱讀量也很棒。只要讀得有收獲，就會有力量。

有句俗諺說：「傻瓜從自己的經驗中學習；聰明的人則從別人的經驗中學習。」每個人只有一個靈魂與一個人生，雖然每個人只需要負責自己的人生，但卻也已經夠讓人手忙腳亂了，我認為最簡單、最有效率平衡自己生活的解答，那就是閱讀了！藉著書本故事角色的解決之道，應用在生活之中，不就是聰明人的學習方式嗎？

《聖經》中亞伯拉罕的故事，幾乎符合《秘密》一書中的吸引力法則三個步驟：要求、相信、接受。相信閱讀過《秘密》與《聖經》兩本書的讀者，必定對吸引力法則有更深一層的認識，雖然《聖經》並沒有如《秘密》一書，詳細的說明吸引力法則的三步驟，但卻也傳達出「只要信念堅定，最終宇宙也會與願望共鳴」的道理。

第一章

聰明人從別人經驗中學習

要尋找人生的智慧與最佳解答，就是閱讀，藉著書本故事角色的解決之道，應用在生活之中，不就是聰明人的學習方法嗎？。

擁有強韌的LQ（人生指數），可以提升EQ、AQ、IQ等其他指數，LQ指數與EQ、AQ、IQ指數是相輔相成且互相影響的。至於為什麼要提升自己的LQ指數呢？這個道理就像是運動選手競賽前，總會經過數月或數年的長期練習一樣，運動家們為了讓自己能在運動場上有良好、爆發力的展現，所以在前期不斷的鍛鍊身體，藉由多種複雜的運動訓練菜單，將身體培養得更為健壯，如此一來，即便遇上強敵，也可以有機會完美地展現自我。

想要提升 LQ 指數，我比較鼓勵大家從原本的生活習慣做一些小改變，而不是為了提升 LQ 指數，大費周章的砍掉舊習慣開創新習慣。畢竟，習慣這種事情代表已經維持一段時間了，也不是說改就能改變。

不要輕忽自己所閱讀的書

首先，來談談閱讀習慣吧！我想每個人多少都有閱讀習慣，只是看的多寡而已，有些人一年翻閱百本書籍，有些人一年就只看一本書。閱讀是一件非常普遍的事情，有的人喜歡翻閱小說、也有人熱愛閱讀哲學……無論是哪種閱讀，只要讓自己有所收獲，閱讀都能產生力量。

如果問我現在這個世代，最基本必讀的書是什麼，我一定會大笑的回答你：臉書。

在這個全民都讀臉書的時代，紙本讀物逐漸式微，臉書卻讓人與人的連結加深，在這個世代，基本上人人手中都握著平板電腦或手機，人們最常做的的事情就是滑臉書了！人們追逐流行議題、八卦、潮流，忙著為自己親朋好友的美照美食美景與毛小孩按讚……，這也是為什麼我贊同大家讀臉書的原因！滑臉書已經成為一種趨勢，也的確是跟世界連結的一種方式，但每個人除了滑臉書以外，還是希望每個人都能找到紙本讀物的力量，即便每天只看幾頁也很好，一年有幾本書的閱讀量也很棒。

從別人的經驗中學習

有些人或許困惑，一年只讀少量的書也能提升ＬＱ指數嗎？答案當然是可以，只要讀得有收獲，就會有力量。

有句俗諺說：「傻瓜從自己的經驗中學習；聰明的人則從別人的經驗

中學習。」每個人只有一個靈魂與一個人生，雖然每個人只需要負責自己的人生，但卻也已經夠讓人手忙腳亂了，工作、生活、家庭、學校、人際……的課題每天反覆地發生，而我認為最簡單、最有效率平衡自己生活的解答，那就是閱讀了！藉著書本故事角色的解決之道，應用在生活之中，不就是聰明人的學習方式嗎？

如果你很困惑的說，可是自己就偏偏只喜歡看偶像劇、言情、推理、武俠小說，或者是網路小說，對那些經典名著一點興趣都沒有，我也不覺得是一件絕對的壞事！當然，除了現代的小說以外，還有很多經典的小說很值得翻閱。不過閱讀本來就可以說是一種旅遊，是心靈的一段旅程，人們可以很深入旅行，也能很簡單輕鬆旅遊。

所以我不會說世界上有哪本書是不好的、不值得閱讀的，沒有一本書是可以被藐視的。這道理就像是沒有一趟旅程是毫無收獲的一樣，旅行會發生的意外，在閱讀的過程中也都可能會發生。

舉例來說：如果你讀了一本關於談論時尚的書籍，內容除了講述時尚大師的丰采之外，應該也會提到時尚的配件與元素等等，也就因為這些描述，你開始嘗試改變平日的搭配，參照書中的時尚元素或配件，因而發現煥然一新的自己。這個結果不也就如同出國旅遊，原本安排的是一場放鬆的旅程，但卻意外的變成了購物之旅！偶然的訂了機票到紐約旅遊，只是安排到一些朋友家的渡假行程，卻莫名其妙地變成一場瘋狂的購物旅行，在逛街的過程中，雖然買了好幾件從來沒嘗試過的風格飾品，但卻也讓自己變得耳目一新且更加迷人。

閱讀與旅行，有太多的重疊之處。如果今年工作太忙碌、生活太疲憊，沒有時間安排一趟旅行，就選擇讓你的心暢遊吧，隨著書中的主人翁散步、冒險，有時候會有意想不到的收獲！每一本書都藏匿著一些秘密，書中字裡行間也潛藏著某種道理，有的閱讀一遍就明白，有的卻要反覆咀嚼好多次才能理解些什麼。閱讀與旅行，都是為了讓自己活得更快樂、更懂得如何生活。

讀得多，不如讀得精

書本一直都是我們最好的老師，當發現自己缺乏某些能力時，靠著長期的閱讀，可能就這樣鍛鍊出某些能力，當工作找不到方向時，靠著翻翻書本，也許就能領悟一些什麼，書確實是有力量的，有些人說書有療癒人心的魔力，也有人說書有治癒創傷的能量，我會說書有一種逆轉人生的動力，光靠閱讀，就能改變人生許多不如意的事情。

我是一個非常喜歡閱讀的人，自然就沒有所謂特別愛閱讀的領域。有的時候會翻點小說，偶爾也會閱讀傳誦百年的經典名著，前些日子裡，因為工作的忙碌，導致沒有太多時間翻書，雖然有些不自在，不過也想到幾個簡單平衡閱讀量的方式。

趁著早晨或睡前的空擋，我挑選了幾本知名雜誌來讀，雜誌內容基本上除了可以了解台灣新聞以外，也可以進一步涉略到一些國際資訊，當然，這些新聞訊息都可以從每日的新聞報導中涉及，不過除了閱讀這些篇幅以外，我特別喜歡看雜誌內的專欄，短短幾百或幾千的文字，有時候會帶來莫大的省思。

抽到下下籤，太好了

有一次在《商業周刊》看到社長何飛鵬的專欄，內容主要在描述一位大陸年輕企業家，在遇到負面或是自己認為不好的人、事、物時，不但沒有輕易被負面影響，反而轉為正面的態度。專欄的故事內容大概是這樣：

在中國大陸蓬勃發展的年代，年紀輕輕有為、擁有龐大家業的人不在少數。

但在廣州卻有一位年約三十出頭的年輕人，以努力勤奮的性格，白手起家的創業，公司雖然不大，但生意也還過得去。

這個年輕人透過熱心親戚的安排，去廟中拜拜求籤，雖然不是百分之百相信世間神明，但因為不好意思拒絕親戚，便到了廟中求籤，沒想到，沒求還好，一求居然獲得了一支下下籤，親戚看了籤的內容面露出尷尬的神情，緊張地叫年輕人再求一次，沒想到這個年輕人卻脫口而出一句「太好了！」而化解了大家的為難。

大家一聽見他說太好了的同時，也紛紛向前問他為什麼這麼說呢？沒想到年輕人說：「我現在事業都這麼順利了，卻還只是抽到下下籤；那如果神明最後給了我一支好籤，那不是代表我未來生意的道路非常光明嗎？現在我知道，在未來，我還要更小心、更努力！」

雖然這只是短短的一個故事，不過卻給當時的我很大的衝擊。在我的職場生涯中，坦白說也面對不少次恐懼，有時候恐懼侵襲的時候，都是靠著忍耐與堅持的力量，這些力量引領著我突破難關和挑戰。

但當我看到這次的專欄故事，我發現除了忍耐與堅持的力量之外，正向思考也是逆轉人生的動力，更是提升ＬＱ指數的好方法！在遇見好事的時候，說出「太好了」，這意謂著好事發生的喜悅，但在碰上不如意的時候，說出「太好了」，這代表著鼓勵，也意謂自己願意面對不如意，而不是選擇逃避。

比起閱讀量，我想提升ＬＱ指數的祕訣，更是閱讀的精巧，就像這個經驗一樣，這次僅透過這一篇專欄，反而使我後來遇上困境的同時，也常說出「太好了」給予自己祝福，我學習專欄裡的那一位年輕企業家，活出一個正向的自己。

第二章

像雜食者廣泛閱讀，吸取多元精華

保持開放的心，以雜食者的身份閱讀，厚如辭海的哲學書能讀、薄如手札的小說也不放過，終究會體悟屬於自己的一番人生道理。

關於讀書，在過去幾千年的歷史上，皆有不同的偉人作出不同的見解。理學家朱熹說：「立身以立學為先，立學以讀書為本。」思想家孟德斯鳩說：「喜愛讀書，就等於把生活中寂寞無聊的時光，換成巨大享受的時刻。」大作家莎士比亞說：「生活裏沒有書籍，就好像沒有陽光；智慧裏沒有書籍，就好像鳥兒沒有翅膀。」

身處不同時代、擁有不同身份的這些偉人，他們或許手中握著的書籍都不一樣，不過有一件事情卻是相同的，那就是他們對於讀書習慣的看重，而我也認為，擁有紮實的閱讀習慣，絕對能提高一個人的LQ指數。

雜食讀者，最能吸取人生精華

書隱藏著諸多的訊息，但神奇的是有的人讀得到，有的人讀不到。明明就是同一本書，為什麼會有不同的結果呢？我認為這和閱讀者訊息接收的敏感度相關，當閱讀者對文字符號的敏銳度夠高，就能接收到書中的奧妙，反之，若是閱讀者的敏銳度不夠高，某些訊息就會被遺漏，這也是為什麼明明都是讀同一本書，但每個人閱讀的心得可能都不一樣。

慶幸的是，即便是不同的書，也有可能藏著相同關鍵的訊息。正因為如此，我會建議大家在選書的過程中，可以開放一點，如果你過去都是只讀特定領域的書籍，我會建議從現在開始，不妨嘗試挑選過去沒翻閱過的領域。

我常說，閱讀習慣可以花心一點，就像是愛吃美食的老饕一樣，東嚐一點、西嚐一點，在舌尖品嚐美食的過程中，總有機會邂逅幾位世界頂級的米其林主廚。而閱讀也是，保持開放的心胸，就像是雜食者一般，厚如辭海的哲學書也讀、薄如手札的小說也讀，跨越領域的讀書，終究會悟出一些對自己有益的道理。

也因此，讀完一本書，如果發現自己沒有獲得什麼的時候，也無需緊張，因為也許在翻下一本書的片刻，就會不自覺地想起上一本書的關鍵篇章，讀書是需要機緣與偶然的，懂得等待的雜食讀者，絕對會有良好的收獲。

還記得在二〇〇七年，朗達．拜恩（Rhonda Byrne）出版了《祕密》（The Secret）這本書，《祕密》才發行四個月，據說就已破五百萬本的銷量，更成為史上最暢銷的勵志書籍，原著更被翻譯成約三十國語言出版。

在我第一次閱讀這本書的時候，當然也被書中的內容虜獲，作者透過簡單卻精準的筆法，將宇宙中最有力量的吸引力法則剖析，讓大眾理解生命中的每一件事情都是自己所選，不論我們身在何處，吸引力法則都會塑造人們的生命經驗。

吸引力法則，讓人類發現自己就像是一顆美麗的超強磁鐵，與廣闊且浩瀚的宇宙共振，所有的思想、心念都是有磁性的，並且透過某種頻率吸引著萬事萬物，而這些彼此相吸的緣分，會在生活中擦撞成火花，讓人越活越是燦爛。

我一面消化《祕密》的書中精華時，卻發現這些道理好像和我過去所讀的某本書籍有雷同的訊息！當我正在思考究竟是哪一本書也有如此精華的訊息時，靈光一閃，沒想到居然是《聖經》！

「你們禱告，無論求什麼，只要信，就必得著。」（馬太福音二十一章二十二節）

「你們祈求，就給你們；尋找，就尋見；叩門，就給你們開門。因為凡祈求的，就得著；尋找的，就尋見；叩門的，就給他開門。」（馬太福音七章八節）

「所以我告訴你們，凡你們禱告祈求的，無論是什麼，只要信是得著的，就必得著。」（馬可福音十一章二十四節）

「你們尋求我，若專心尋求我，就必尋見。」（耶利米書二十九章十三節）

雖然《聖經》和《祕密》出版的年代相差甚遠，內容主旨也不同，但訊息卻有相似之處，因為這樣，我又將《聖經》翻閱了好幾遍，每一次閱讀的同時，又發現了比上次閱讀時更多的寶貴訊息。

相信宇宙，也別忘了相信自己

在《聖經》的羅馬書中記載，亞伯拉罕（Abraham）內心一直都渴望擁有自己的孩子，但夫妻兩人卻一直求子失敗。當亞伯拉罕將近百歲的時候，他的妻子撒拉（Sara）已經九十歲，身體不再年輕，連月經也停止許久，然而渴望擁有孩子的亞伯拉罕，仍然請求神的協助，因為他內心深信神一定不會棄他而去，擁有堅強的信念，最終，他的妻子擁有了神蹟，果然生下了一個孩子。

亞伯拉罕內心的渴望，再加上請求神協助的信念，與宇宙產生了極大的共鳴，這一件事情在別人的眼光中，當然使人產生巨大的懷疑，畢竟以科學的角度而言，這是不可能發生的事情，但這件事情確實發生了！

亞伯拉罕的故事，幾乎符合《秘密》一書中的吸引力法則三個步驟：要求（ask）、相信（believe）、接受（receive）。相信閱讀過《秘密》與《聖經》兩本書的讀者，必定對吸引力法則有更深一層的認識，雖然《聖經》並沒有如《秘密》一書，詳細的說明吸引力法則的三步驟，但卻也傳達出「只要信念堅定，最終宇宙也會與願望共鳴」的道理。

除了《聖經》之外，其實還有別本書也傳遞著吸引力法則的精髓。那就是知名著作《牧羊少年奇幻之旅》（The Alchemist: a Fable About Following Your Dream）。

巴西名作家保羅·科爾賀（Paulo Coelho），以《牧羊少年奇幻之旅》一書成為世界知名的大作家。他將青春的燦爛、苦澀、妄想與夢想都投注在寫作的過程之中，在保羅·科爾賀創作的過程中，別人不是認為他是瘋子，不然就是神經病，或許就是因為如此，保羅·科爾賀更能理解踏上夢想之路的艱苦、實現夢想之路的苦澀吧！

「當你真心渴望某件事，整個宇宙都會聯合起來幫助你完成。」（When you want something, all the universe conspires in helping you to achieve it.）這一句經典名言，正是出於《牧羊少年奇幻之旅》。這句話其實也與《秘密》一書中的吸引力法則觀念相像，當初在讀《牧羊少年奇幻之旅》的時候，只是覺得這句話很感人、令人印象深刻，並沒有領悟出作者隱藏的涵義，但翻閱《秘密》的時候，卻想起了這一段句子，的確如此，信念的力量，將會扭轉一個人的命運。

事實上，提升ＬＱ指數也有與《秘密》的吸引力法則有相同之處。想提升ＬＱ指數的人，除了實際調整習慣之外，也要有堅定的信念，勇敢地向宇宙說出自己想提升ＬＱ的心願，並且相信日常的行動將會提升ＬＱ的指數，最後，一定會有美好的結果！

第三章

像運動員般精煉閱讀，發現人生解藥

透過平時日常的閱讀鍛鍊，展開循序漸進的閱讀生活，試著以運動家的視角翻閱書籍，最終會獲得意想不到的收獲！

如果你已經理解閱讀的重要性，或許可以再將閱讀這個習慣，以一邊衝刺一邊加速的心態培養。就像運動選手一般，以靈活的腦袋和身體連結運用，如此一來，當身體開始擁有一定的能量之後，接下來就能在一些比較進階的項目發揮。

日常的閱讀鍛鍊

前面一章提到的雜食者閱讀練習，主要是訓練自己的腦與心的柔軟度。面對浩瀚的書海，以雜食者的心態閱讀是最為聰明的方式，如此一來，閱讀者能「不挑食」地翻閱書本，並且從書中咀嚼知識，經過反覆細嚼慢咽，最後將嚐到絕妙滋味。

但除了雜食者的閱讀技巧之外，還有另一個閱讀方式，也是對於提升LQ指數有相當的益處，那就是「如運動員般鍛鍊閱讀技巧」。

學習「如運動員般鍛鍊閱讀技巧」，第一個重點是：利用日常閱讀時刻鍛鍊。這個道理跟運動選手想在運動場上奪得名次，平時就必須要進行鍛鍊的道理相同，尋常日子中的鍛鍊絕不可忽視，不論是哪一種項目的運動員，都需要靠著日常累積的磨練，才能在賽場上擁有佳績。

日常累積的磨練包含：運動前的暖身、運動中的施力、運動後的拉筋與伸展……從一開始的熱身到結束的伸展都不可輕視。暖身運動是讓身體甦醒，當血液開始運轉傳送至全身時，身體的細胞就會全部被啟動，而這些都將幫助運動者在運動中能動靜自如，而運動後的伸展收操，就像是一種對身體的感謝儀式，藉著拉筋讓身體的疲勞褪去，這是一個愛惜自己的過程。

三個層次的磨練

運動員的日常鍛鍊，幫助每一個人喚醒了更美好的自己，藉著基本的操練，促使生活與身體都變得更加完整。而閱讀書籍其實也有異曲同工之處，閱讀也是為了讓自己變得更有智慧，讓生活轉化得更有能量。

所以我將閱讀者「選書」、「看書」到「看完一本書」的這段過程，也視為是日常的磨練，只是閱讀是靜態的，而運動是動態的。閱讀者如果能把平常的閱讀習慣也視為是一種生活的磨練，猶如運動員一般的視角選書，如此一來在生活中應該也會產生不少的變化。

運動員在運動前會針對今天的身體狀態，精準的替自己準備一系列的暖身動作，以便接下來的運動階段能完美發揮。選書的過程，則是檢視自己的不足與匱乏，精準的選書能幫助自己從文字中找到智慧，讓生命的下個階段能活得更為精彩。

所以我相信，運動員總有一雙銳利的雙眼，能洞悉自己的身體狀況，以絕佳的練習輔助自己，替自己的身體找到最佳的練習守則。如果閱讀者也能如此，懂得檢視自己人生的不足與匱乏，仔細慎選書架上一本本的書籍，就會與書中的專家對話，開拓更寬闊的視野，如此也將改變自我的生命道路。

也因此，我更深信以運動員的精神所培養的閱讀習慣，勢必會提升LQ指數。因為提升LQ指數的絕佳祕訣，就是鍛鍊自己的心靈，別小看一些舊習慣的調整，以不同的心境或思維去做相同的事情，就有機會造成不同的結果，而這些適度的調整，都有機會讓ＬＱ指數大幅攀升。

循序漸進，拒絕半途而廢

學習「如運動員般的閱讀技巧」，第二個重點是：循序漸進，不可半途而廢。運動員因為持有一定的耐力與毅力，因此在運動場上總獲得了亮眼的表現，不管是哪一種項目的運動員，都擁有一顆堅定無比的心，靠著這顆心，運動員最後交出亮眼的成績。

以長跑選手來說，他們即便在賽場中途感到身體疲勞，也一定不會就此半途而廢，絕對會在賽道勇往直前，並且在抵達終點線的那一刻展現爆發力，因為長跑選手知道，堅持所獲得的果實最為甜美。

在閱讀時，也需要擁有這樣的一顆心，從挑書到看書的過程，得耐著性子的讀，不可以隨隨便便中途放棄。畢竟，閱讀者與書的邂逅是累積了極大的緣分，在偌大的書海中，偏偏就選中了手上的這本，這難道不是一種巧妙的緣分嗎？看在這難能可貴的機緣下，閱讀者可千萬不能有翻了兩三頁就棄讀的習性。

有的閱讀者或許會有疑問，萬一自己一時貪心，不小心手滑購買了太多本書，於是閱讀時間跟喜好難以平均分配，最後只好放棄了某一本書而只選擇了一本繼續看下去……

我想這樣的情況應該是常有的事情，畢竟有的時候逛一逛書店，一次就被好幾本好書吸引。不過一次購買好幾本書跟一次只看一本書並不衝突，手上握著很多本書的時候，並不一定要每一本書都在同一時間閱讀，如此一來心也會受不同書籍所談論的內容而分散了注意力，若是注意力被分散，有很多精華的道理就有可能遺失。

每一個讀者帶回家的書籍，勢必存有一定的必然性，這種必然就像是命中注定的，所以讀者千萬得等待，慢慢的啃完一本書以後，再接著下一本，閱讀完一本書後再繼續閱讀下一本書時，一定會有一種全新的滿足感！

從書中，發現人生的解藥

如果真的看不下去呢？曾聽某一位愛書人形容，有時候買到一本書就像是踩到地雷一樣，才翻開閱讀三頁，就被苦澀無聊的感覺吞噬。然而，我會這麼想，也許是現在的自己不適合閱讀這本書，或者是現在已經過了該讀這本書的時間點了，就像是緣分未到或緣分已盡的狀態。

所有的書籍都是每一位作者嘔心瀝血的大作，即便是短短的詩篇也好，也都足以讓人有所領悟。倘若真的遇上了看不下去的狀況，可以緩緩，或許當時間軸一拉長，過了半年或二、三年，下一次再翻閱這本書的當下，它就不是無聊苦澀的感受，也許它反而是能解苦澀與無聊的解藥。

閱讀與運動都是需要循序漸進的，在運動的時候，初級者不可以馬上就做高負重的動作，因為會造成身體的不適；而閱讀也是，剛開始讀的時候不一定要規定自己在什麼時間點看完，慢慢的讀，讀完以後有所體悟，才是最重要的。

有時會聽聞，某些運動員為了奪得佳績，在練習的時候，總是太過心急，拼了命猛灌運動補充劑，或是做高負擔的訓練來激活身體，希望用激烈的方式在短時間促成身體的成長。但越是心急越有可能盲目訓練，而盲目訓練的結果不但沒有使表現帶來效益，更可能嚴重地引起其他部位的運動傷害，有些運動員就是如此反覆受傷，最終只好結束璀璨的運動生涯。

閱讀，讓自己變得更好

雖然閱讀並不會真的如運動一般，會造成運動傷害。不過，超過負荷的閱讀，也會造成心理的負擔，有的時候看有一些人呼籲大家要一年看二十本書、三十本書，我總覺得適度就好，不同的人生時期會需要不同的書，看書是為了讓自己變得好、更快樂，如果反而變成了壓力，那就失去了閱讀的意義。

如運動選手一般的閱讀習慣，絕對會提升一個人對於訊息接收的敏銳度。人類的心和腦不是機械，不需要刻意的設定功能也會自動自發地運轉，試試看使眼睛恣意的瀏覽書籍，即便覺得怎麼看也看不懂、想也想不透，也允許自己放鬆地快速瀏覽，隨著分分秒秒的流逝，總會發現一些什麼，而這些「什麼」，將會引領生命前進，這也代表你正在前往提升ＬＱ指數的道路前進。

第四章

從書中找到改變生命的良方

書是有力量的，每一位讀者若是能從書中記起一些有影響力的故事或句子，將讓自己變得更有力量！

德國哲學家尼采曾說：「凡殺不死我的，必使我變得更強大。」這句話是尼采的名言，即便不認識尼采，我想大部份的人應該都聽過或看過這一段話，而每個聽過、看過這一段話的人，都可以從中獲得一些力量！

只要活著，就會感受到挫折，那些殺不死的痛苦、困難與傷害，有的時候折磨會折騰人讓人徹夜難眠，有的時候卻又隱藏在身體的某一處使人隱隱流淚。而尼采所說的這一段名言，就像是一針鎮定劑一樣，讓閱讀後的人感受到新的能量。

雖然我對尼采的認識不算太深，僅讀過幾本他的相關書籍，但這一段尼采的名言，常常是我生命裡的良方，在挑戰來襲的同時，腦海會浮現這段話；在困境來敲門時，腦海會浮現這段話。

找到逆轉生命力量的句子

閱讀是有力量的，每一位讀者若是能從書中記起一兩句對生命有正面影響力的句子，將對提升ＬＱ指數有極大的幫助。

尼采的「凡殺不死我的，必使我變得更強大」這句名言或許每一個人閱讀後的感受不同，但對我而言，這是一句充滿正面力量的句子，而越強大的正面力量，越能提升ＬＱ的指數，而這句話也是扭轉ＬＱ指數的最佳代表。

尼采所表達的「殺不死的痛苦」，就像是生命裡的挑戰，這些挑戰可能會讓人歷經失敗、挫折與失望，但尼采看見這些「殺不死的痛苦」時，他選擇面向陽光，看見挫折與失敗所隱藏的禮物，這一份禮物裡面可能是試煉與學習，而很公平的是，失敗與挫折會在每個人的生命裡出現，如果能正視痛苦，就能讓自己變得更為強壯，如果能度過挫敗，就可能使自己脫胎換骨，變得更勇敢、有智慧。

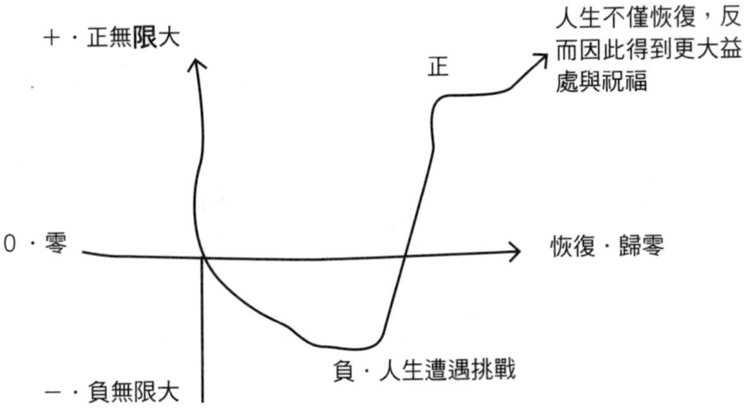

LQ 指數與人生的關係

有的時候遇上了負面的情況，ＬＱ指數會就此下跌，但也別因此就亂了陣腳，有意識到自己處於負面的狀況，就有機會扭轉，如果在此刻慌亂了陣腳，才可能錯失突破負面情況的機會。

就像尼采所言，殺不死自己的，總有機會使自己變得更為強大，智慧不會輕易的被困境擊垮，困難也不會輕易的挑撥人的一生，當我們一次又一次的從負面的數值中恢復，就會讓ＬＱ指數更堅定地向上攀升。

尼采藉由「凡殺不死我的，必使我變得更強大」這段話自我鼓勵，加深了克服困難的勇氣與信念，這句話或許也能成為人們在面對任何挑戰時，鼓勵自己的一劑強心針。

事實上，許多書籍中都隱藏著驚人的力量，如果看見一句與你內心有所震動的句子，不妨先抄在筆記上，當沮喪或負面情緒來襲的時候，翻開筆記本的那段句子，它或許就是扭轉你生命的良方！

以下也推薦幾句正面力量的句子：

「最困難的時候，也就是我們離成功不遠的地方。」——拿破崙

「無論多麼不重要的一件事，只要樂在其中，都會獲益無窮。」——達爾文

「失敗也是我需要的，它和成功對我一樣有價值。」——愛迪生

「只要你有一件合理的事去做，你的生活就會顯得特別美好。」——愛因斯坦

「英雄並不比常人勇敢，他只是比常人多勇敢五分鐘而已」——愛默生

「如果你能夢想，那你就能實現它。」——華特．迪士尼

「只要是對的事，最終一定會有人看到、支持，並且義無反顧。」
——齊柏林

「什麼是失敗？放棄就是最大的失敗。」——馬雲

「學習成功前，人必須先學會失敗。」——林書豪

當然，如果以上的句子在閱讀的同時，你仍不覺得有感受到力量，也可以從近期閱讀的書籍著手，從中慎選幾個自己的喜歡的句子，當做正面生活的強心劑！

面對負面情境，以正面態度應對

提到扭轉負面力量，提升正面能量的方式，就讓我想到美國史丹佛大

學教授凱莉・麥格尼格爾（Kelly McGonigal Ph.D.）。凱莉是一位健康心理學家，她在二〇一六年的時候出版了《輕鬆駕馭壓力：史丹佛大學最受歡迎的心理成長課》（The Upside of Stress: Why Stress Is Good for You, and How to Get Good at It），這一本書主要是要幫助大家能學習控制自己的意志力，透過生活中的時間管理、壓力管理，讓人學習自我控制，掌握生活，而這本書也與扭轉負面力量，啟動正面力量有很大的關係！

凱莉認為，大部份的人對於「壓力是有害的」這個看法，不一定是正確的，而這個看法反而可能阻止了人們邁向成功的原因。基本上，壓力是人們自己找的，也因此，某種程度來說，面對壓力的方式，是可以透過練習自我調整與排解，大部份的人不喜歡壓力，是因為覺得壓力有害無益，但事實上，壓力絕對不是只有壞處而已。

壓力有很多種層面，人們覺得有害的壓力，是因為壓力會讓人感到不安與恐懼，而有益的壓力則會推使人們更有力量的勇往直前。

舉例來說：老闆臨時叫某位員工，明天早上就要交出一份難度很高的簡報，而這位員工偏偏手上其他的事情已經都做不完了，再加上這一份簡報難度較高，這當然會讓員工覺得一個頭兩個大。

壓力，不一定有害

在這樣的情況下，若是這位員工因為這一股壓力而感到恐懼與不安，這就是負面的壓力，因為這一股畏懼感可能會讓他身心疲累；反過來說，他若是能換個角度來思考，覺得這是老闆給予他的試煉，將壓力轉化，這就是正面的壓力。

凱利教授認為壓力的害處與益處，取決於一個人看待壓力的態度。而她的研究則顯示，當人們認為壓力有害時，壓力才有害，也就是說，當人們認為壓力是有害的時候，壓力就在人們的身心靈中種下一個有害的種籽；反之，當人們認為壓力是有益的時候，壓力就在人們的身心靈中種下一顆有力量的果實。

一個人面對壓力的態度很重要，從壓力找到釋放點而獲得力量，與提升LQ指數、扭轉LQ指數也有相同的思維。讓LQ指數墜落的可能性有太多種，跟伴侶分手、和家人吵架、工作失意……等等，都會讓人心靈疲勞，而這些情況也都會讓人感受到壓力，但是越是在這個情況下，越要使用一些技巧來穩定自己。

前面所分享的幾個技巧，我鼓勵大家拿出來使用。譬如對挫敗的自己說：「凡殺不死我的，必使我變得更強大。我會因為這些試煉變得更加堅強！」或者是「太好了！這是老天爺要給我的磨練，克服以後就又成長了一大步」……

閱讀與經歷其實是一種輸入，將以前與現在所閱讀的正面資訊儲放在大腦，當面對挑戰來臨時，就可以在大腦中取出自我激勵。

所以閱讀是輸入，儲存大腦中，然後面對挑戰時從大腦輸出、應用，解決所面臨的問題。

遇上困境的自己，如果能先拍拍自己的肩膀，擁抱自己，一定會讓身心靈安定；而對自己說激勵的正面用語，可以從書中的金句再做略微調整，讓這個句子變得更有力量！

運用書籍來提升、穩定ＬＱ指數，除了抄寫書中的句子之外，也可以從市面上的工具書找到相似的答案。誠實面對自己，針對自己比較匱乏與不足的部分，從書中找到解答，有的時候比老是和別人抱怨、整天心裡鬱悶有用得多！

第五部

鍛鍊LQ，逆轉人生方法二：寫出精采的人生

曾經看過一個關於寫日記的心理學研究：兩位心理學家分別作了類似但卻不同的實驗，一位是讓某些人連續四天，花十五分鐘寫下自己最痛苦的經驗；另一位則是讓某些人連續三天，花十五分鐘寫下自己愉快的經驗。

兩位心理學家最後的結果是：不論寫日記的人是記錄下痛苦還是快樂，參與寫日記研究的人，情緒都變得更為積極，心理學家分析，這是因為寫日記會疏通痛苦的情緒，並增強快樂的能量。

被喻為曠世天才的藝術大師達文西曾說：「筆記本就是你的嚮導與師父。」由此可見，他對記筆記的狂熱與信賴。對達文西而言，筆記本或許就是他的第二顆大腦。

就我自己的經驗發現，用手寫筆記本，在寫的過程中會帶動身體的各個感官專注合一：從眼、耳、口、心、手到腦，這些多層次的感受可以達成「專注」，產生智慧與解決方法，其實是電腦打字所無法做到的。

培養書寫習慣就是練習做筆記的起點。剛開始寫的筆記可能只是自己的生活、心情抒發，接下來會加上一些工作的紀錄與觀點，偶爾也會有讀書或觀影的心得，這些看似毫不起眼的字句，在不知不覺中也累積了很多生活經驗，這本筆記本已經變成一本人生錦囊。

第一章

書寫生活，情緒排毒

比起花錢購物、和朋友抱怨，書寫更能治癒生活的創傷，在每一天即將結束的日子裡，給自己一個小時的時間沈澱，好好地寫下關於今天的心情和事件，喚醒平靜的自己。

傷痛、挫敗、氣餒……都是需要被治癒的，正面思考的力量很重要，但是懂得照顧自己的負面情緒也不能忽視。常有人說「時間可以療癒一切」，這句話當然沒有錯，只是有的時候，傷痛得太深，而使得治癒的時間花得太長。

如何將治癒的時間縮短呢？透過書寫，或許是一種有效的方式！如果你已經在上一章節中找到屬於自我的閱讀技巧與祕訣，那麼接下來，也許可以試著開拓另一個新習慣，那就是「書寫」。

不能說的秘密，都寫出來

有些人或許會有疑問，書寫是什麼意思，如果自己不是作家或文筆特別好的人可以書寫嗎？當然可以！書寫的定義很簡單，書寫並不限定題材、形式和主題，就只是拿起一支筆、一張紙寫出自己的想法、心境、心得……等等。

書寫就是一種療癒，也是一種自我對話，也因此不需要等到所謂的「有時間、有靈感」才開始動筆，書寫是自由的，只要此時此刻，你願意將腦海中的圖像、畫面或文字描述出來，那就是最佳的書寫。

在現實生活中人們有太多的事物要煩惱，有的時候短短時光，就不自覺地想了很多事情，長期下來腦袋的思考量過多，無形之中使心靈負荷太多情緒，而這些情緒超出負荷就會變成壓力。

雖然每個人都知道，腦袋的訊息與心靈的負擔需要排解，但是多數人排解情緒負荷的方式，不外乎就是和朋友吃頓飯抱怨一場、回家睡大覺、花錢狂購物……，這些方式雖然能產生一些安撫作用，但是比起這些方式，我更鼓勵大家練習書寫。

在每天睡覺前的片刻，花一些時間靜下來，將手機調整成靜音，運用十到十五分鐘的時間書寫，即便字跡很潦草或寫出來的句子很短都不是問題，只要願意開始動筆，之後一定會越寫越順暢！

釋放情緒、消弭壓力

在剛開始書寫時，寫什麼其實不太重要，將腦海中第一個浮現的事物寫出來，然後再簡單地想想：今天的自己過得好不好、身心靈都還好嗎？如果遇到挑戰的話怎麼度過？有什麼開心或煩心的事嗎？……請毫無顧忌的全部都寫出來吧！唯有放開心來寫，才能真實地減輕自己心中的負擔，寫出來的內容只有給自己看，不要給別人看，不要上臉書或社群網站，所以也千萬不用害怕和擔心，書寫就像是在排毒一樣，把情緒釋放，讓自己重新歸零。

有的朋友分享，因為透過這樣的睡前書寫，進而改善了淺眠的習慣，原本睡前煩惱的事情有一籮筐，但因為做了睡前書寫的練習，居然將腦袋裡吵雜的思緒減半，睡得比較安穩；也有人說因為長期練習書寫，反而使精神變得更穩定，因為早上的情緒在晚上被釋放，壓力也間接的被消弭。

書寫之所以會造成這些結果，最大因素是人們透過寫的動作，而「放下」了一些煩躁。有很多事情可能埋藏在心裡好多年，即便在工作或生活的時刻常常想到，但卻又因為某些理由而不能隨意地向他人吐露心事，姑且不論這些事情是什麼，倘若能讓自己慢慢的寫出來，也意謂著自己願意放下，一旦願意放下，心才有機會空出新的位置，等待新的好事發生。

照顧別人之前，先治癒自己

長久以來，我也是運用「寫」這個方法，來察覺我的信念，轉變我的意念。因為我發現使用書寫這個方式，能清楚了解自己所有的感受、想法、情緒、處境，透過每日的書寫，我可以檢視過去自己特別在意、糾結的事情，進而思考自己該如何調解，找出問題的根源。

當然，我也不是一開始就這樣對自我的情緒覺察得如此敏銳。還記得剛開始準備要書寫的時候，我特別挑選了一本很大又很厚的黑色筆記本，因為總覺得自己在書寫的時候可能會有很多話想說，萬一挑選小本的筆記本可能一下就用完了！但沒想到第一天下筆只寫了不到三行字，一方面是覺得彆扭，另一方面又怕別人看到，那時不知道怎麼回事，實在是太擔心寫的內容會別人看到了，因此，還刻意使用淡色的鉛筆書寫，只有輕輕的寫下了幾句生活隨筆和激勵的話。

然後就從那一天開始，我拿著淡色鉛筆一直持續書寫大概四、五個月左右，我發現好像某些事情開始轉變了！四個月後我的筆記本漸漸有些原子筆的痕跡，雖然字跡潦草，不過卻洋洋灑灑的寫了好多句子，我不好意思地翻閱，發現前些頁面記載著一些令我生氣、鬱悶的事情，而這些事情是我比較少開口和別人說的事情，看見這些紀錄也讓我明白，自己已經開始願意放下某些糾結的事件並原諒過去。

當願意放下過去令自己感到痛苦、不安的事情時，也代表著新的自己正在誕生。長期的書寫習慣，漸漸撫慰了某些陰暗層面的自我，也因此，我一直相信，除了時間有治療效力，書寫也有一定的治癒能量，因為書寫，除了可以撫慰傷痛之外，某些時候還會提供解藥，而開這一帖解藥的，就是你自己。

假使現在的你已經準備好，也期許自己能擁有源源不絕的新能量，就試著抽空練習書寫吧！今天要是有不如意，你可以在筆記本中鼓勵自己；如果覺得今天的自己表現很棒，也別吝嗇的表揚自己！

在尋常日子中，多數人總會花很多時間照顧別人、和別人交際，但卻很少和自己獨處，即便知道和自己獨處是很重要的，卻仍然沒有耗費太多心力照顧自己。

然而，如果人們沒有習慣照顧自己，又如何替自己儲存新的能量呢？所有對生活的疲勞與倦怠都需要恢復，而書寫就是一種最簡單的恢復方法。

馬上寫下你的問題

舉例來說：現在發生了一件令你感到非常害怕的事情，這股害怕的感覺不但讓你感到緊張不安，甚至連身體都發出了恐懼的訊息，身體的體溫被這股情緒籠罩，呼吸變得倉促、大腦也無法專注，如果你可以，現在最好讓自己恢復平靜的方式就是在腦袋中安撫自己，如果發現不能平靜，這時候拿出紙和筆寫或畫下當下的感受，然後試著告訴自己這些緊張和害怕是多餘且不必要的，也許不到幾分鐘，情緒就會漸漸恢復平靜。

這種「即時書寫」的方式，也是我平常使用的方式。而這樣的書寫，能幫助自我釐清為什麼現在恐懼，書寫幾句安慰自己的話，也能增加勇敢的能量，讓自我漸漸恢復平靜。

我也發現，書寫久了也能不知不覺的鍛鍊與提升ＥＱ與ＩＱ。因為我不再會特別糾結在過去的陰鬱之事，而能用更寬廣的思考方式解析整件事情的緣由。

透過長期的持續書寫，除了晚上睡前的書寫以外，在其他日常的生活片刻，你如果也會想要運用紙和筆與自己對話，即使是這樣也沒關係，在自己時常經過的場所中擺放一本筆記本，也可以隨手記錄生活，無需特別設定自我的書寫時間，越是隨心所欲越好。

倘若你也和我一樣，在一剛開始書寫時，總覺得下筆不順，甚至是沒什麼想法可寫的話，也還是請你繼續下去，因為剛開始沒辦法寫些什麼的原因，可能只是因為不習慣，持續一段時間，一定會有收獲。

第二章

書寫痛苦，就能戰勝痛苦

記錄痛苦不是為了強化痛苦的記憶，而是練習面對陰暗的自己，嘗試說出來那些不愉快、糾結的事情，就能戰勝痛苦。

曾經看過一個關於寫日記的心理學研究：兩位心理學家分別作了類似但卻不同的實驗，一位是讓某些人連續四天，花十五分鐘寫下自己最痛苦的經驗；另一位則是讓某些人連續三天，花十五分鐘寫下自己愉快的經驗。

兩位心理學家最後的結果是：不論寫日記的人是記錄下痛苦還是快樂，參與寫日記研究的人，情緒都變得更為積極，心理學家分析，這是因為寫日記會疏通痛苦的情緒，並增強快樂的能量。

至於，為什麼在日記本上寫下那些令自己不愉快又痛苦的經驗，反而變得更正向了？沒錯，寫下痛苦與不悅，就像是在喚醒自己的負面經驗，那些焦慮與煩躁會再纏著自己不放，但研究者分析，這都只是過渡期，過了一段時間，焦慮與煩躁值會下降，最重要的是長期這樣書寫，反而更能擁有應對負面感受的能力，因為會更深思自我、反省自我。

一直以來，人們為了擺脫壓力、解除焦慮，多半都透過物質生活來紓壓。有些人是靠吃甜食來舒緩壓力，有的人則是靠著購物來解除煩惱或焦慮，這些方法雖然能換來一時的平靜，但是過一陣子焦慮和壓力感又會再次湧現。

解開負面情緒的結

寫下痛苦，不是為了讓自己記住痛苦的感受，而是練習讓自己說出來。

在這個忙碌的世代，二十四小時總是不夠用，人們匆匆忙忙上班，也急急忙忙趕著下班。有的時候當下即便發生了令自己不開心的事情，但卻也因為忙碌，只好先將這股情緒擱在旁邊，於是，日積月累，這股「沒人管」的情緒越滾越大、越積越多。有些人正是因為情緒的積累反而最後生了一場大病，有的人則又因為放任情緒不管，最後讓整個人都失去了平衡。

大部分的人可能常常不是很了解，為什麼自己突然產生負面情緒。例如：為什麼自己突然憤怒？或者是為什麼突然哀傷……其實這都不會是突如其來的，只是因為不了解自己的情緒來源，所以就選擇逃避、假裝沒看見的反應。

當然，也正因為不是每個人一開始就能洞悉自己的情緒狀態，所以寫下今天所發生的事件，可以幫助大家更進入事件的核心，一邊拆解事件的來龍去脈，一邊釐清自己的思緒與行動。

我還記得，有一次因為工作的緣故，開會時和其他部門的某個主管意見有些分歧，那個時候為了不要讓開會過程難以進展，我強壓住了自己的怒氣，儘量保持冷靜的結束了那一場會議。那一天過得非常忙碌，一眨眼就下班了。

下班以後我拖著疲累的身體到家，心裡又再一次浮出那股怒氣，於是我翻開筆記本，動手寫下這件事情的緣由，在寫的過程中，我想起那位部門主管的臉和聲音，讓我怒氣直燒，焦慮和煩躁感更是讓拿起筆的手也變得異常的緊繃，但是寫了好長一段時間後，我漸漸的恢復平和，想起了身為主管的自己，應該也得擁有寬闊的心胸，千萬別因為不如自己意的事情就怒氣橫生，我告訴自己，寫完之後就讓自己的情緒告一個段落，要學著讓自己更有包容的度量，用智慧來解決一切。

就是在這個時候，我知道書寫痛苦，是會化解痛苦、戰勝痛苦的。寫出痛苦並不是用力和痛苦抗衡，而是以更柔軟的姿態平衡自己。

去苦存樂，才能找回平衡生活

每個人應該都有一種經驗，那就是對某些事情感到後悔。很深的後悔會讓人胡思亂想、莫名糾結。以某個不愉快的事件來說：有一位與自己很要好的朋友在聖誕節約了要一起見面晚餐，但偏偏聖誕節的晚上塞車塞得非常嚴重，這位朋友就提前撥電話向你道歉說，不好意思會晚到一會兒，你在電話和他確認了大約抵達時間後就掛電話了，萬萬沒想到，就在通話後的五分鐘，他卻發生車禍了。

這一場車禍雖然不算特別嚴重，但好朋友卻也得住院治療一陣子，這一場車禍讓你感受到有間接的責任，事後有著一直揮不去的陰影。你心裡想著，如果那時候好好的安慰他請他別擔心，也許他就會避開這場災害；

或者是如果沒接上這一通電話，他也能順利好好開車，也不會讓這一場車禍發生。

因為這件事情，你讓自己後悔不已，腦海中的思緒像是跳針一樣，不斷的說：「如果……就不會……」，即便身旁的人說，其實與你無關啊，但是該如何擺脫這種懊悔的痛苦呢？跟自己重複說其實會發生這件事情，不全然是自己的問題，這種做法並不會讓懊悔的情緒緩和下來，更妥善的解決方式，或許是正視面對，用敘述的方式，將事件書寫出來，讓痛苦、懊悔的感受流動，一切都會好過一點。

釋放痛苦，找回信心

也許第一天書寫事件時，你不會感受到任何的好轉，仍然覺得好朋友出車禍的原因都是因為自己，但持續一陣子，每日花半小時好好的把所自己所想的、所愧疚的一一都描述之後，對於事件的發生，真的會覺得好過一點。因為你會明白，所有事情的發生不會只有一種原因，造成車禍的結果不會只是因為好朋友匆忙的撥電話給你，也不會只是因為講電話的時候不專心而釀成車禍，還有可能不可預測的因素存在。

在美國哈佛大學教授《幸福課》的泰勒．本沙．哈爾（Tal Ben-Shahar）曾指出：「痛苦和快樂的情緒其實共用一個神經通道，如果想堵住痛苦的情緒，同時也會將快樂的情緒堵住。」也就是說，如果想讓自己遠離痛苦，那必須得經驗痛苦，從痛苦的情緒中疏通，才有可能獲得更多的快樂情緒。

當一個人在體驗快樂的時候，其實就是在強化神經通道，會是活在當下，體驗快樂的滋味，那就有可能創造出更多快樂的回憶；而一個人越是壓抑痛苦，越不找方式去疏通痛苦，壓抑的情緒會不斷的累積，最後就會反撲。也因此，泰勒．本沙．哈爾教授鼓勵大家用紙和筆紀錄日常，釋放痛苦的記憶，滋養快樂的回憶。

有的時候痛苦的根源很深，需要很長一段恢復期，也因此不需要為尚未恢復的情緒感到慌張。比起一個很深的痛苦，我們還擁有很多很多快樂，只要我們心中擁有這樣的信念，痛苦就會變得渺小，內心會擁有更多信心。

第三章

寫下自己的快樂日記

比起快樂的事，人們更容易記得不開心的回憶。練習每天紀錄快樂的事，喚醒快樂的回憶！

如果你有熱愛寫筆記或日記的習慣，將會提升各種重要指數。雖然書寫猶如是自我對話與自我剖析，但因為自己願意將遇到的經驗與課題都寫下來，反而更能正面的迎接各種挑戰！即便遇到難解的議題時，雖然不能馬上就找出解決方案，但我發現過一陣子，自己終究會找到解答。

根據芝加哥大學心理學博士愛德蒙．伯恩（Edmund J.Bourne）的研究，一個人在面對特別的情境時，我們對自己說什麼話，會大幅度的影響自我的心情與感受。自我對話通常發生得很快，而且很多時候人們都沒有察覺。

面對未知，無須提早焦慮

每日所發生的事情與天天冒出來的想法，有很多部分都是來自於自我的感受。也就是說發生一件事情的同時，除了事件本身的事實以外，許多時候事件的來龍去脈都是我們自己解析或建構的，也因為如此，事實常常並不如我們所想的那樣。

倘若一個人越能以正向的邏輯思考，去解釋一件事情的發生與原因，他也越能快速的應對這件事情。所有事件的發生，其實都沒有真正的好或壞，端看人們怎麼定義。

舉例來說：

直屬主管給予部屬一份很艱困的挑戰，部屬接受事件的態度就會定義事情的面貌。

- 正向思考的部屬，在接到艱難的挑戰時，或許會這麼想：主管或許是希望藉由這一份艱難的挑戰來栽培我，我應該把握機會，趁此好好的學習，讓自己成為更傑出的人才。
- 負面思考的部屬，在接到艱難的挑戰時，或許是這樣想：主管是不是想刁難我啊？為什麼這麼艱難的挑戰偏偏挑選我來做，是因為平常看我不順眼還是有其他理由？

事實之一：在主管沒說出究竟是要刁難部屬，還是要栽培部屬時，部屬其實都無法定義主管對自己的看法。

事實之二：即便主管用正面或負面的態度面對部屬，部屬其實都可以選擇以正面的思考去應對，用自我正向對話的方式，讓事情往更正面的方向前進。

從此案例可以看出，其實一件事情的正面與負面，與自身的思考有極大的關係，當我們與自己的對話都是負面時，也很難有正面的思考產生。

感激日記與快樂日記

愛德蒙．伯恩認為，有許多時候，事情的全貌在人們未知的情況下，就已經自我灌注大量的負面資訊，於是焦慮、恐慌就此產生，有的時候事情並沒有人們想得那麼糟，只是人們提早焦慮，並且將事件貼上負面標籤罷了！

在日常生活中，我們時常會被自己的預設立場綁架，明明還沒有發生什麼嚴重的事情，但是自己卻已經開始胡思亂想。有的時候神經兮兮的認為是不是自己前幾天做錯什麼，導致伴侶對自己冷淡；當老闆指派多一點工作給自己時，就覺得是不被賞識……這些想太多的神經質毛病，不會讓自己變得更堅強，反而會削減自身的能量。

下一次，當自己感覺有點神經質的時候，或許可以對自己這麼說：「也沒有發生什麼特別的事情，我先把現在手上的工作就好」、「要是真的做錯事了，我也能好好應對」……多對自己說些有力量的話，試著給自己勇氣和信心，難題就不會隨時隨地為難自己。

每一個人在腦海中產生的想法與認知事件的方式，都會間接地影響人們對事件的看法與應對方式，而大腦內的思考模式會影響行動。如果人們能直接扭轉腦袋的負面訊息，就有機會創造出更多正面訊息。

負面思考的模式，當然也不是一朝一夕就能馬上扭轉，有的時候很傷心、很沮喪的感覺像大海起浪一樣，會在腦海中翻攪好多遍，怎麼樣也撫平不了。

然而，所有的習慣、模式若想調整，都需要一步一腳印的改變，對於想扭轉負面思考的讀者，每天書寫「快樂日記」或「感激日記」都是不錯的方法。

大部分人為了擺脫壓力、解除焦慮，多半都透過物質生活來紓壓。有些人是靠吃甜食，有的人則是靠著購物，這些方法或許能換來一時平靜，但是過一陣子焦慮和壓力又會再次湧現。與其靠著物質生活的滿足來調整心理，不如試著記錄日常，將壓力與煩惱都傾訴到日記本中，讓自己以更平靜的方式看待生活。

心理學家愛蒙斯（Robert Emmons）和馬柯勞（Michael McCullough）曾進行一系列的實驗研究，他們請參與實驗的對象每天至少寫出五件感激的事情，感激的事情可大可小，就算是很短暫、很渺小的事情也無妨。

這個研究進行一段時間後，得到了一個驚人的結果，也就是參與研究的人們，因為每天都記載著感激的事情，漸漸的他們活得也越來越正面、樂觀，除此之外，因為參與這項研究，也讓他們知道感恩的力量，所以這些人在往後的日子中也更願意幫助他人。

這一項研究足以證明，正面思考是能夠透過調整自我習慣而培養出來的。因為每天的生活並不是只有不開心或鬱悶的情緒，其實還潛藏著許多有趣或值得感激的事情，只是因為人們太容易受負面情緒所影響，導致注意力集中在負面的事物上，只要能夠試圖扭轉心念，將注意力轉移至喜悅的事情上，身心都會比較平靜。

而書寫快樂日記或感恩日記的時候，可以在事件的旁邊一邊紀錄自己的LQ指數。首先先將LQ指數做分數的區隔，最高是十分，最低是一分，再按照事件去做評分。日記的左邊可以寫下今天開心或想感恩的事情，右邊則寫下事件的評分。

舉例來說：

快樂或感恩的事件	LQ指數評分
今天受到客戶讚賞，覺得很開心也很感謝他們的配合！	9
中午休息時間，同事請我喝了一杯咖啡，覺得幸運也很開心。	5
在紐約工作的朋友終於回來了，約今晚吃飯，覺得很興奮。	7
晚上下班時，經過一間甜點店，店裡居然放了我最喜歡的爵士樂。	3
回到家以後，看了喜歡的電影，覺得很有收獲！	6

替事件評分，不需要太過理性，可以跟著直覺評分，評分的目的是讓自己能更專注的在正面思考之中，用這樣的方式寫日記，會讓人更獲得滿足感，也更能提昇LQ指數。

禱告——來自神的力量支持著自己

除了書寫感恩日記與快樂日記之外，還有一個方法也能培養正向思考，那就是「禱告」。我每天都會禱告，禱告就像是自我對話，透過善意的祈求、自我激勵，會讓慌亂的心變得寧靜，有時候我會仰望天空，想像浩瀚的宇宙與我有緊密地聯結，上帝會包容我的失落與煩惱，在禱告的過程中，可以盡情地訴說想說的話，並且感恩好事的發生，漸漸的這些負面的思緒就會淡化變成正面的，專心禱告就像是在跟內心的自己說話，我們會知道無論發生什麼事情，都會有一股來自神的力量支撐著自己。

第四章

運用筆記本，解決生活難題

隨時隨地將生活觀察、靈感記錄下來，一方面提升自己的洞察能力，另一方面累積自己的生活祕訣！

書寫是思考、幻想、想像力的延伸。但是，光只有在腦袋運轉的想法不足以成為行動！如果在幻想或思考的過程中能加上書寫的輔助，就能將腦海中的靈感與體悟再度組織。重複再重複的書寫，能磨去自己的缺乏耐性，激盪出更多潛能。

前面一章提到了書寫習慣的培養，如果你參照前面的方法建立了基本的閱讀及書寫習慣，現在可以試著更深入的讓書寫與生活更緊密結合。除了一般的心情隨筆，不妨連生活的觀察或想法都記載在筆記本中，如此一來，生活與工作的靈感，將會絡繹不絕的迸發。

天才與你，都需要一本筆記本

被喻為曠世天才的藝術大師達文西曾說：「筆記本就是你的嚮導與師父。」由此可見，他對記筆記的狂熱與信賴。在《達文西的筆記本：繪畫是怎麼回事》這一本書中，作者更是嘔心瀝血的採集了達文西這一輩子的大量精華筆記，翻開這本書，更是揭露了達文西獨有的豐富觀察思維，再加上繪畫隨筆的搭配，簡直就像是在翻閱一本小型的百科全書。

筆記本所記載的內容更是包羅萬象，不但有化學及物理知識，還提到了地理、植物、醫學等跨領域的學問，達文西就像是活在那個年代中的國家地理頻道特派員一般，以精準又富有邏輯性的字句，將所見所聞一一詳細記載。

對達文西而言，筆記本或許就是他的第二顆大腦。當他要繪畫或創作的時候，達文西會翻閱過去所撰寫的筆記本，從這些筆記本中搜索出需要的資訊。當他要創作與人體相關的藝術作品，他會翻開那頁已透過草稿繪畫出人體解剖的圖畫，並觀察人體的肌肉線條、組織，達文西就是這樣一邊參照筆記所記載的知識，一邊讓更多璀璨的作品誕生。

手寫的「專注」力量

愛做筆記的藝術家除了達文西之外，還有科學家愛因斯坦。靈感總是靈光乍現的愛因斯坦曾說：「我在日常生活中只要一想到什麼，就會馬上用鋼筆寫在便條紙上以防忘記，之後再仔細鑽研。」

看來，不論在哪個時空，做筆記一直都是被視為重要的習慣。筆記本的威力，可能會影響一個人的生活、工作，甚至到內心，越是想要有所作為的人，越會利用筆記本寫下自己的獨到觀察，並將這些觀察在最適當的時機拿出來運用。

培養書寫習慣就是練習做筆記的起點。大多數的人都是這樣，剛開始寫的筆記可能只是自己的生活、心情抒發，接下來會加上一些工作的紀錄與觀點，偶爾也會有讀書或觀影的心得……這些看似毫不起眼的字句，在不知不覺中也累積了很多生活經驗，這本筆記不僅已經變成一本雜學攻略本，也是屬於你個人的人生錦囊。

鬱悶的時候讀一讀，會發現在過去的日子裡，已經克服過很多不可能的任務；開心的時候閱讀，會發現自己的勇敢。勤做筆記，會讓人記得活著是一件多麼值得驕傲的事情！

運用筆記本，解決生活難題

有人或許會問，在科技這麼進步又發達的時代，能以電腦打字取代手寫筆記嗎？關於這一點，我個人認為寫字與打電腦紀錄所獲得的回饋是不同的。這麼說好了，之前有研究就顯示，因為現代人長期使用電腦打字的緣故，雖然閱讀的識字力沒有下降，不過書寫力卻大幅減弱，原因在於人們熟知字的「形狀」，但已經忘了字的形狀怎麼描繪。

我想，會忘記字怎麼寫，也是因為生活變得太過僵硬且機械化。明明每個人用手寫出來的字都不一樣，但是每個人用電腦打出來的字卻是相同的樣貌，這或許失去了一種手寫的美感。

再者，就我自己的經驗發現，用手寫筆記本，在寫的過程中會帶動身體的各個感官專注合一：從眼、耳、口、心、手到腦，這些多層次的感受可以達成「專注」，產生智慧與解決方法，其實是電腦打字所無法做到的。

寫筆記的五大優勢

我擁有寫筆記的習慣已經好幾年了，在這一段時間中，我仍然不斷的發現寫筆記帶來的好處實在太多，有些好處是可以預期的，有許多則是在我預料之外的周邊效應。

所以，我在家中的房間、頂樓書房、汽車內與辦公室中都會放置筆記本，以免錯過不經意造訪的靈感。寫筆記的過程好像是不斷找到寶藏的歷程，以下是寫筆記具有的五大優勢：

一、情緒管理方面——提升ＥＱ／ＰＱ指數

● 增進情緒管理，提升人際關係

●降低自身的壓力、焦慮與恐懼，接納負面情緒的存在

●建立積極正向的思維

二、思考能力方面——提升IQ／AQ指數

●寫下自我的心情、思緒、看法，可以讓人重新檢視與反省自我

●透過寫筆記的方式來解構生活，重新梳理生活脈絡

●手腦並用，加快大腦的思考速度，提升工作的效率

●提升邏輯思考能力

三、意識與感官方面——提升IQ指數

●用詞遣字變得更為精準與正確

●能夠有條理的向他人表達，包含言語表達、肢體表達

●遵守自己與自己的約定

四、洞察力——提升IQ指數

●觀察能力增強

●分析能力增強

五、工作方面——提升EQ／IQ／AQ指數

●能有效的掌握工作步調，不會因臨時增加的任務而感到壓力

●擁有解決問題的能力，提升AQ指數

●提升創造力

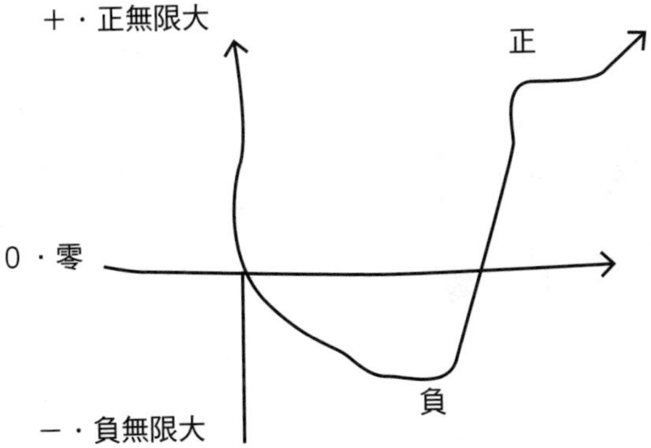

克服挑戰，你的LQ可以逆轉向上

至於該如何挑選筆記本呢？有些人說方格的筆記本比較好、也有人偏好橫條紋的筆記。但用什麼筆記本都可以，只要是自己看得順眼就好！

愛因斯坦或達文西他們都熱愛寫筆記，倒也沒說過哪種紙張或筆或筆記本最好用，因此，或許挑選哪一款筆記本寫筆記不是最重要的事情，而是自己願不願意寫筆記，才是每個人最需要思考的。

六大步驟，解決難題

在市面上目前已經有許多人揭露成功人士的筆記本記錄法，如果對於「寫筆記的主題」有特別的糾結點，或許可以參考這些相關書籍；而我在這裡提供一種我平常遇到負面難題時，運用筆記本記錄的方式：

步驟一：定義事件類別

為這件事定義主題，就像是為生活做了簡單的分類標籤，以後如果有需要回顧這個議題，可以透過這個標籤做更進一步了解。

步驟二：寫下發生的狀況

整理自己的思緒，說明自己現在所處的情緒與狀況，藉由書寫讓自己緩緩平靜下來。

步驟三：分析來龍去脈

先確定自己是否理解事件的來龍去脈，還是有很多部分是「聽說」，如果有就表示事實是尚未被確認的，也意謂著沒必要在這些不確定的訊息中打轉。

步驟四：停止負面情緒的擴散，試著轉變成積極正面的情緒

接納負面的狀況，但卻也想辦法找出事情的正面意義。

步驟五：找到解決方法

這是最重要的步驟。有些人會認為有些事情是沒辦法解決，的確，負面的事情並不會每次都有完美的收場，不過你可以讓你的心有完美的收尾。這裡的解決辦法，除了是指實際的解決方案以外，也希望你可以找到讓自己平衡心情的解決之道，或許是：讓自己吃一頓美食撫平情緒、和朋友聊聊天轉移注意力……有時如果真的不知道解決方案，那就誠實寫下來，求上天協助；很奇怪的是，也許在短時間內就會有解決方法出現。

步驟六：執行解決方法

最後，相信你會順利的解決問題！

以上的六個步驟，可以運用在各種場合。如果說在事件發生的當下不適合寫筆記，那也記得在今天結束的時候，空下時間把這幾個步驟執行完畢。今日事最好今日畢。今天所發生的問題或是負面情緒，最好在今天處理、解決、轉化或消除，越是累積不處理，更容易會使成我們的ＬＱ指數下降，因此處理負面議題時，要比平常更加小心！

第六部

鍛鍊LQ，逆轉人生方法三：讓你的大腦，除舊佈新

在這個世界上，不是每個人都活得那麼勇敢、燦爛，多數的人難免心中都藏有一些後悔的經驗。這些後悔的事情，就像是生命裡一件件未完成的事情。因為在事件發生的當下，並沒有處理得妥當，最終讓自己產生憤怒、傷心、沮喪等糾結的情緒，雖然事件在時間軸上結束了，可是仍然存留在腦海之中。針對這類的狀況，在心理學中稱之為「未竟之事」。

當開始努力翻轉過去的生命時，讓你的大腦，除舊佈新，消除未竟之事，LQ指數也會慢慢的穩定攀升。以我來說，最近幾年透過LQ，無論是在職場上、學業上都有新的成果展現。我成為某上市公司創新研發的部門主管、並且協助博士班同學運用生物科技技術在台創業，還讓農業有更進一步的突破，這些都是因為過去不斷努力鍛鍊自己，讓LQ指數穩定成長的原因。

到了最近幾年，我更深刻領悟了「痛苦中有美意」這句話的涵義。的確如此啊，過去的生命不正是體驗了痛苦，才發現了美好嗎？如果你的人生正是讓你感到最為苦澀的階段，千萬不要放棄，因為苦到最後會變成甘甜，或是已經正在變為甘甜。

第一章

消除「未竟之事」，獲得全新的自己

信任自己擁有處理未竟之事的能力，發揮源源不絕的想像力，向過去的不愉快道別，迎接更美好的自己。

當你年齡過了二十、三十，來到四十，就越容易想起過去，也變得越容易省思自我，這就像是呼吸一樣理所當然。每一次不經意地想起過往歲月中那些大大小小的故事，常有一種恍然大悟的感受：如果那個時候我可以更細心一些、如果那時候我不選擇那一條路……這些「如果」的念頭一浮現，也意謂著自己被後悔的事困住，雖然不想承認，但在年少輕狂的歲月中，這些不堪的往事，已深深烙印在腦海之中，怎麼擦也擦拭不了。

學著和過去的不愉快道別

「眼睛就是身上的燈，你的眼睛若是明亮的，全身就會光明。」（馬太福音六章二十二節）

的確如此，你觀察身邊的某些人，身上真的是綻放光彩的，這些的人，倒也不全是擁有響亮名聲的大人物、也不一定是社會中的傳奇成功者；眼睛與靈魂發亮的人，是活得慷慨的人，他們不被過往之事捆綁，也不受未竟之事束縛。

活得越是璀璨、慷慨的人，似乎是活在光明之中，那一雙閃閃發亮的眼睛，只見清澈如水的心，這一雙明亮的雙眼就像是在提醒每一個人應該活在當下。過去的事情就讓它過去，若墜入放不下的過去，就像雙眼被黑暗蒙蔽，看不到世界的光明。

然而，在這世界上，不是每個人都活得那麼堅強、燦爛，多數的人難免心中都藏有一些後悔的經驗。有些人可能因為長期耗盡心力工作，在工時太長的狀況下，最後讓身體產生嚴重的疾病，不但失去了工作更失去了美好的人生；有的人則可能因為一些誤會，而與最親密的愛人爭執，最終即便吵架吵贏了，卻傷害了自己深愛的人。

想像的力量

這些後悔的事情，就像是生命裡一件件未完成的事情。因為在事件發生的當下並沒有處理得妥當，最終讓自己產生憤怒、傷心、沮喪等糾結的情緒，雖然事件在時間軸上結束了，可是仍然存留在腦海之中。

針對這類的狀況，在心理學中稱之為「未竟之事」（unfinished business）。

心理學的完形治療創始人波爾斯（Fritz Perls），針對未竟之事有更進一步的說明，「未竟」就代表著未完成，在過去的成長經驗中，一個人若是有一件想完成但是卻沒有完成的事件，或者是在與他人的互動中，有想要表達但是卻未能完整表達內心想法，最終留有遺憾的經驗，這類基本上都可稱之為未竟之事。

因為事件並沒有以正確的方式完結，以致於會突然地從大腦中無預警的跳出畫面，造成人們無法預期的情緒困擾，這些突然的畫面與情緒會猶如病毒一般，慢慢的干擾著人們的生活。

遇上這樣的狀況，多數的人以逃避的心態面對，或是保持著「事件已經過去了，也沒辦法再改變什麼了」的這種念頭應對，然而，真的過去了嗎？如果這些未竟之事過去了，為什麼又在腦海中徘徊不去呢？

如果在過去的經歷中，對於曾經發生的人、事、物仍懷有不解之處，或者在某個重要的時刻，因為並沒有妥善地解決事件，導致結局留有負面記憶……關於這些記憶與感受其實並不會輕易消逝，而是會埋藏在大腦的某一處。

或許每個人多少都有以下的幾種經驗，在某些情境之下，有時大腦會突然閃過年輕時期的模糊畫面，而這些畫面多半是不愉快的事情。譬如：在求學時期與同學的吵架，當時發生的事件並未和解，導致自己到現在對那位同學仍有負面的情緒；又或者是剛入社會，因還不熟悉職場倫理，導致與同事、主管相處不融洽，最後徒留一個沮喪的職場經驗……

告別過去，才能迎接未來

這些回憶即便沒有和他人分享，但終究在心中留下了一道傷痕。然而，這些毫無預警、在腦海中所浮現未竟之事的畫面，其實並不完全是一件壞事，某種程度來說它就像是一種提醒，也是一種看見，看見活得有點木訥卻仍保有正義感的自己、或衝動行事卻又重感情的自己。

在那個片刻，雖然沒有用正向的行動解決當時的不愉快，但在往後的日子裡，只要記得，腦海若是有未竟之事浮現，只需要微笑面對就好了。有的時候，人們並不是真的害怕未竟之事難以處理，而是不曉得未竟之事該如何放下。

未竟之事是有方法可以應對的，也就是說當未竟之事再次浮現於自己眼前時，我們能以平靜的心祝福過去，縱使過去的事情出現在腦海之中也不會造成負面影響。透過想像力的輔佐，重新整理這些回憶。

一般人在腦海中浮現未竟之事時，都會想著要趕快逃離，也因此嘗試以別的行動來轉移注意力，然而，這樣並不會嚇阻未竟之事的出現。正確的方式應該是，認真的看待這個過去，並且承認、接受這件事情已經發生，也錯過了能妥善處理的時間。

如果我們覺察過去的未竟之事在某種情形之下，毫無預警的出現在大腦或心中，若是時間、地點都允許的話，我們可以找個舒適的空間立即坐下來，和這件事情對話，如果那時候不方便立即停下手邊的事情，也可以等到晚上回到家裡時，選一個安靜的空間獨處，進行消除的動作。

五大步驟，消除未竟之事

建議參照以下步驟，消除腦海中的未竟之事：

一、當腦海中浮現未竟之事而感覺不安時，找適合的地方與時間進行消除。

二、接受與面對過往的事實，用盡全力感受過去的事件，造成自己的不開心與遺憾。

三、運用想像力，理性而正面的重新演出當時的人事物，並且和關鍵人物對話、解決問題。

四、和這些過去說聲謝謝，並且接受這件事情真的過去。

五、試著讓自己恢復平靜，保持平靜的情緒。

某些人或許會認為，難道光靠腦海中想像的對話與行動，就能消除未竟之事嗎？的確如此！如果在想像的過程中，能夠信任自己，並且真的面對關鍵的人、事、物，說出心中想說的話、做出想做的事，會讓腦海漸漸恢復平靜。

這個練習是為了讓自己接受這些過去，承認每個生命中都會有一些遺憾，無論是大遺憾還是小委曲，如果不接受，生命就沒有能量往前。在腦海中運用想像力面對未竟之事，不是對過去的現實做了什麼，而是讓自己接納過去生命的每一件事情。

未竟之事，常帶著恐懼的能量出現在人們的心中，那是因為人們離開了當下，而讓過往的恐懼侵擾自己。如果我們能運用想像力處理未竟之事，勇敢地回到過去，將自己的感受適當地表達，最後獲得的或許不只是平靜，還可能擁有諒解他人的力量。

信任自己能處理未竟之事，以源源不絕的想像力經歷這一切，會發現自己已經開始轉變，變得更勇敢、更負責任。過去的挑戰將慢慢的隨時間流逝褪去，新的挑戰也會不斷的出現，勇敢地處理未竟之事，未來即便遇到相似的課題，相信你也會迎刃而解，因為你已經從想像力的練習中，穿越過去的痛苦，並且獲得一股全新的力量。

第二章

對悲傷的過去，說一聲「太好了！」

人的心不像封閉的花朵，可以是柔軟又有彈性的，開鎖多年的人心，只要勇敢的呼吸與吐氣，便能滋養靈魂，跨越悲傷、穿越痛苦，活得自由自在。

有一句名言是這麼說的：「天下沒有白吃的午餐。」這句話，有太多的智慧隱藏在其中！多數的人會將這句話解讀為：做人不能偷懶，有所得就要懂得付出。當然，除了這個道理之外，天下沒有白吃的午餐這一句話，或許也隱藏著天下沒有白走的道路、天下沒有白看的書籍，以及「天下沒有不散的宴席」這些道理。

只要時間繼續流轉，時代就會繼續更新，生命會源源不絕的蛻變。而在尋常日子努力生活的人會漸漸老去，歷史或事件會慢慢消逝，物品會緩緩腐敗……或許就是如此，活在當下才會是這麼重要的人生課題吧！

穿越痛苦，獲得全新的力量

在前面的章節提到，可以試著運用想像力消除未竟之事，而消除未竟之事，就能有效率的提升 LQ 指數，因為透過和過去影響自己的人事物對話，將能夠讓自己的心情恢復平靜，也可讓被思緒干擾呈現上下不穩的 LQ 指數，趨近於穩定。

當然，某些未竟之事可以透過數次的想像力練習，進一步的消弭，但仍然也會有幾件令人痛心的未竟之事，需要耗費一長段時間處理。

在過去，也有幾件未竟之事將我捆綁，我縱使憤怒、哀傷，卻也無力抵抗。依稀還記得，女兒從世界離去的片刻，我哭得上氣不接下氣，眼淚像潰堤一般將身上的衣著沁溼，哀傷的感受彷彿吞蝕整顆心臟，痛苦不足以形容當下的感受，難過也無法完整說明當時的情緒，我就像是哀怨的綜合體一般，呼吸充滿憤怒和怨恨，怨老天太狠心卻又埋怨自己無能為力。

在尚未熟悉想像力消除未竟之事的方法時，女兒過世的這個記憶侵擾了我長達十餘年，每一次它的出現，都會讓我心痛不已。

痛苦的未竟之事，因為藏匿著很多的憂慮和哀痛，導致浮在腦海的同時，自己無力招架，就算想逃也逃不了，令人痛苦的未竟之事總是惡狠狠的出現在腦海之中，霸道地停留了好一陣子才願意消失。

這類人生至痛的未竟之事，處理起來較為棘手，它就像是重症一般，需要耗費一段時間才能消除。而面對這樣的狀況，不妨先多花一些時間觀察，盡量讓自己靜靜地觀看這段過去的經驗，不需要急著馬上運用想像力和這些關鍵人事物對話，而是選擇靜靜地觀看，看著自己，也看著事件。

唯有透過不斷重複的觀看，才可以逐漸洞悉事件的原貌，發現未竟之事令自己痛苦的原因。令自己痛苦的或許是對無法處理事件的後悔、也可能是對他人生氣到無法平息……只有真的知道讓自己受傷的原因，才有機會妥善解決。也因此，在不曉得核心原因的時候，選擇慢慢地回想、靜靜地觀看，是對自己最有幫助的。

解放自己，看見不一樣的人生風景

當人們願意開始觀看的時候，就是產生療癒效果的起點。因為人們開始選擇了尊重事件的發生，而不只是埋怨而已。

有的時候，許多人總是因為愧疚、自責，反而頑固地緊抓著過去痛苦的經驗不放，以為這樣能夠贖罪、或是讓自己好過一些，但這一切卻只替自己帶來了滯礙。

不會開花的玫瑰花像是一枚子彈，他們不像芬芳的玫瑰花散發誘人的香氣，因為他們緊緊封閉，也讓香味死亡。幸好人的心不像是封閉的花朵，她是既柔軟又富有彈性，即便人心閉鎖多年，仍然有靈魂滋養，只要勇敢的吸氣與吐氣，就有機會跨過痛苦的門檻，活得自由自在。

在我失去女兒多年之後，一旦這個未竟之事出現，一開始憤怒之神就像侵佔我身體一般，讓我的心瘋狂且灼熱。經過了好長一段時間，我重複告訴自己：「靜靜地觀看吧！也許這裡面藏有不為人知的禮物。」

後來，我選擇了觀望，靜靜的看著那個精疲力盡的自己，當傷心的感受撕裂我時，我跟自己說要忍耐，並翻開手中的筆記本記錄這個片刻，疏通沮喪與哀痛。就這樣，嘗試了數十、數百次後，我才開始能運用想像力和過去對話，無論是對著那個年輕的自己，還是對著可愛的女兒，緩緩的說出那些沈在心底深處已久的真心話。

對不起、謝謝你、我愛你、請原諒我

天下沒有白走的道路，人生會發生的事件都有其意義。如果遇到不順遂的事情，我們若是只選擇反擊與防禦，就無法真正活得快樂。

遇上那些令自己難以忘懷的未竟之事，除了建議前面章節提及的想像力練習，或許也可以結合書寫痛苦的步驟，讓痛苦的情緒疏通，這種應對的時刻多半都是難受的，但只要放開心來寫就是最好的第一步，有的時候，在悲傷的片刻對自己說：「太好了！」就會立刻獲得了一股支持的能量。

有時候，未竟之事出現的時候，是自己已經疲倦的片刻，這個時候大部份的人多半沒有辦法正面或理性的迎對，更別提運用想像力消弭未竟之事。在這樣的情況下，我會真誠並常常地跟自己說安慰且正向的話：「對不起、謝謝你、我愛你、請原諒我」，不斷重複這四句話，將會撫平心中的糾結和鬱悶。

這四句話的來源，是夏威夷治療師伊賀列卡拉・修・藍博士（Ihaleakala Hew Len, PhD.）所提倡的治療語，他提倡若是每個人能用心的複誦「對不起、謝謝你、我愛你、請原諒我」，就能慢慢的清除負面的情緒。也因此，在煩躁、困惑、鬱悶等負面情緒時，重複這四句話，便能掃除心中的負面能量，讓自己找回泰然鎮靜。

有許多人分享，常常複誦這四句話，也會讓自己的心變得開闊。雖然仍然會遇上煩惱、不如意的事情，不過隨著心境也漸漸地改變，懂得感謝挑戰的發生，更感謝那個願意擁抱挫折的自己，修・藍博士或許也是藉由這四句話提醒大眾，療癒生命的力量沒有其他，就是自己。

越是想要遠離痛苦，或是越感受到自己深陷痛苦的時候，最好的解決之道就是迎向痛苦、跨越它。

有些未竟之事的確會使自己十分難受，但有些也只是芝蔴綠豆般的小事，也因此，無論常常想起的是哪一種未竟之事，越能積極處理，就越能提早化解。通常越是不予理會腦海中的畫面，反而更會頻繁地出現在大腦之中，而這也可能會干擾到一個人生活的步調。

忘記背後，努力向前

不管如何，一旦察覺到未竟之事的出現，即便是昨天才發生，也建議大家提早處理。找個舒適無人打擾的空間，運用想像力的消除方式、疏通痛苦的書寫方式、複誦四句治療語都會有很大的幫助。

而我也發現，或許是因為自己願意面對這些難受的經驗，也一併的提升了抗壓力，因為會養成不再隨意逃避的習慣，加強了解決問題的技能！

遭逢逆境或艱難的挑戰，唯一的應對方式是更勇敢地面對、更樂於擁抱自己堅強的心，好好咀嚼生活中的每個片刻，不需要急著面對下一個挑戰，或許就是活在當下的絕佳祕訣。

使徒保羅在《聖經》新約腓立比書說：「我只做一件事，忘記背後，努力面前，向著標竿直跑。」一面對未竟之事，或許難以忘記，但我們能選擇祝福，對過去發生的種種困境，大聲說一聲「太好了！」然後勇往直前的前進，邁向生命的標竿。

第三章

痛苦，是命運之神給的禮物

如果你的人生正讓你感到苦澀不已，千萬不要放棄，因為生命裡最為珍貴的禮物，有時候不會輕易地被認出來，好好地咀嚼痛苦，就會嚐到最甜美的果實。

在好幾年前，曾經有人作過一個調查，調查的對象是年齡在九十歲以上的長輩，他們在調查的過程中被詢問了一個問題：「如果人生能夠從頭再活一遍，你希望你的人生如何度過？」

結果他們的回答，多半都是這麼說的：

一、如果可以，希望能回到某些重要時刻，將重要的事情做到最好。
二、希望自己能更積極地面對人生，做更多對大家有意義的事情。
三、珍惜時間，享受生命的每個片刻，學著快樂地活著。

這三個答案，其實都顯示著，當人在面臨死亡即將到來的那一刻，回想起過去時，難免會懊悔過去、會想彌補錯誤、或是希望能把快樂分享給更多的人。然而時間卻沒有辦法因為人的懊悔或遺憾而有所停留，依然是無情地往前走絕不回頭，面對這樣的無情，也許我們可以用一種凡事都全力以赴的心態度過，就如賈伯斯所說的：「把每一天都當成生命中的最後一天，你就會輕鬆自在。」

每個人都無法預測未來，無法預知生活的下一秒會遇上什麼驚喜或挫敗，面對這些未知與不確定，人們可以選擇慌張的應對，也可以很泰然自若的看待，如果明白生命的無常是一種正常，也就沒有什麼事情能阻擋人們勇往直前。

平凡人生的不凡奇蹟

哈佛大學腦神經科學家吉兒．泰勒（Jill Bolte Taylor），是一位優秀的腦神經解剖博士。她在哈佛大學醫學院從事腦神經相關研究，而促使她踏入腦神經領域的是她的哥哥，因為哥哥患有「精神分裂症」，吉兒．泰勒決定走上腦神經醫學的研究之路。

一九九六年的冬天早晨，陽光如以往淺淺的撒進房內，吉兒．泰勒張開雙眼，準備開始新的一天時，沒想到左眼後方卻傳來一陣又一陣的疼痛感，那種疼痛感讓她有點喘不過氣來，而意識也漸漸得變為模糊……

或許是身為一名腦科學家的專屬幽默，吉兒．泰勒在漸漸失去意識的四小時中，第一個出現在她腦海中的不是擔心與害怕，而是對中風感到無比的好奇。「究竟有幾位科學家有機會透過自己的身體，去研究大腦功能與智力退化的過程呢？」

吉兒・泰勒一邊這樣想，一邊體驗到身體漸漸被中風主導的片刻，一般大眾所熟知的基本技巧，包含寫字、聽音樂、閱讀……吉兒・泰勒在那一刻全部忘掉，就像剛出生的嬰兒，什麼生活技能都需要透過別人的教導。

人的大腦，是靠著左腦與右腦分工合作，它們各司其職，掌管不同的領域。左腦被稱為是言語腦，掌管著邏輯、語言，如果一個人的左腦比較發達，那他的優勢可能與邏輯和分析能力相關；而右腦則被稱作圖像腦，它以圖像作為思考，掌管藝術、情緒和創造力。左腦和右腦有著不同的功能，無論是左腦或右腦損傷，都會造成人很大的影響。

而吉兒・泰勒就是左腦受損，也因此她決定開發右腦，企圖讓右腦輔助她的康復之路。雖然中風讓她的意志挫敗，復建的過程讓她痛苦難耐，但是她仍然克服一切，耗盡長達八年的時間觀察大腦、練習復建，最終不但接近康復，更到處演講分享這個可貴的經驗，還出版了《奇蹟》（My Stroke of Insight: A Brain Scientist's Personal Journey）一書，希望能和大眾分享她是如何翻轉生命，讓奇蹟降臨。

在最低潮，發現最好的自己

一般人或許會誤會，認為吉兒．泰勒因為自身為腦科學專家，才會如此輕易的讓大腦修復，但事實並非如此，在失去控制左腦的日子中，她也要不斷的面對各式各樣的挑戰，吉兒．泰勒曾說：「能夠成功的康復，很關鍵的重點是，我把焦點放在我的能力，而非我的失能上。」由此可見，正面思考的管理，才是她度過難關的關鍵。

比起埋怨全身無力的自己，倒不如學習新的生活方式。重新的認識大腦，在心智的迷宮中找到一條光明的出路，而這也是吉兒．泰勒的新生活方式。

吉兒．泰勒的經驗，印證了人們在極度的低潮期，依然能有力量找到更好的自己。即便失去了大腦一部分的主導權，但是保持一顆堅定的心，就有機會重新修復生命中破損的部分。

當一個人遇上不順遂的時候，剛開始或許因為心慌意亂，導致ＬＱ指數直直下墜，但比起挖掘ＬＱ指數下轉的原因，還不如謹慎思考如何讓自己心慌意亂的感受停止，即便失落又失意，還是得保持冷靜。

想在挫敗中重新站起，刺激ＬＱ指數上升，都可以效仿吉兒．泰勒的精神。比起想要強制的控制大腦，想著如何讓自己恢復，倒不如接受事實，觀察自己的優點與缺點，並和自己溝通，讓優點的光譜更加強化，用優點去解決生活課題。

與其祈求生活一帆風順，倒不如擁有能應對困境的心。老是看清自己、放大自己缺點的人，終究會耗損自身更多的能量，當生命要開始以全新的姿態出現時，真心想改變的信念才會是最佳的助力。

痛苦中有美意

吉兒．泰勒的故事，究竟是命運之神的捉弄，還是另一種恩典？如果她是一個悲觀、自怨自艾的人，那麼這一切可能就會變成一場悲劇，她或許不會痊癒，還可能病情惡化！但好險她擁有一顆正面思考的心，擊退了病魔，創造了擁抱生命的奇蹟。

從中風復原的她形容自己現在是雙腦平衡，她說：「我覺得自己活得更平衡，更有同情心、更有情感，感受到與全人類的相連。雖然還是忙碌，但可以在忙碌的空檔中，享受有品質的平靜。」

遇上極大的挑戰，有的時候是命運之神給予的恩典，祂讓我們認識痛苦，跨越痛苦，撐過這些憂慮，我們就更不會小看自己。

每個人只要準備好了，就會遇上生命的轉變，這是一趟很漫長的旅行，可能得花一輩子才走得完，中間也會遇上無數的挑戰，但依照我的經驗，凡事以挑戰為名的艱難，只要自己有自信，就能迎刃而解。

我的生命轉變之旅來得有點晚，在歷經一些重大事件以後，才驚覺自己需要調整活著的方式。當我開始學著面對我自己，認識我自己的時候，才發現過去有許多遺憾、懊悔，雖然這些懊悔跟遺憾隨著時間流逝，也無法彌補，但卻因此而獲得了更多，我理解調整自我內在心靈的重要性，也發現調整 LQ 指數的祕訣。

當開始努力翻轉過去的生命時，LQ 指數也慢慢的穩定攀升。時至今日，無論是在職場上、學業上都有新的成果展現。我成為某上市公司研發的部門主管、並且協助博士班同學運用生物科技技術在台創業，還讓農業有更進一步的突破，這些都是因為過去不斷努力鍛鍊自己，讓LQ指數穩定成長的原因。

到了最近幾年，我更深刻領悟了「痛苦中有美意」這句話的涵義。的確如此啊，過去的生命不正是體驗了痛苦，才發現了美好嗎？如果你的人生正讓你感到最為苦澀的時候，千萬不要放棄，因為苦到最後會變成甘甜，或是已經正在變為甘甜。

第四章

新生命的開始，尋找重生之路

當生命墜落至低潮期時，讓大腦除舊佈新，記起自己想讓 LQ 指數攀升的信念，就會在磨難之中，找到新生命的開端，而且這是你自己創造出來的道路。

新生命的開始，有時就像是嬰孩的誕生。成長為大人的我們，經歷過多種的挫敗與挑戰之後，有的時候不是大笑，反而是放聲大哭，這種哭不是因為畏懼、哀傷，而是覺得自己居然能咬緊牙關走過挑戰，跨越困難，這是多麼的不容易啊！

我是一個基督徒，去教會已經是生命中很重要的一件事。去禮拜堂對我而言，不止是禱告、做一些儀式，很多時候是為了讓自己感受人與人之間的深刻聯結。人與人之間的聯結是一件很神奇的事情，就像奇蹟似的，一群擁有同樣信仰的人聚集在同一個禮拜堂，他們或許禱告的事項不同，但是這一群人是這麼單純的祝福未來，祝福著一起禱告的人們，這種一同往理想、美好未來而前進的信念，是如此的珍貴。

開拓全新的能量

在神聖的禮拜堂中，因為人群的聚集，所以總是會看見很多溫暖且感動的片刻。有好幾次都曾看到某個不認識的陌生人在禮拜堂，不知道什麼原因不由自主的哭泣，他們哭泣的臉龐總是讓人印象特別深刻，有的臉上雖然佈滿淚水，但表情卻看起來平靜和諧；有的臉上則是淚流滿面，卻面帶微笑……他們邊禱告、敬拜上帝時，經歷著某些神聖的片刻，我想他們應該是意識到自己的生命正在重生吧！在歷經這些片刻以後，他們的心彷彿受到了洗滌，開拓出全新的能量。

每一次看到這些感動的片刻，我總是覺得他們獲得了新生命，過去的負面、痛苦，因為向神順服，反而得到了解脫。這些重生的力量，似乎也代表著他們正從 LQ 生命指數的低點攀升至高點，未來雖然還是會有不同的困境等著每一個人，但是如果能適當的運用前幾章所提的如何提昇 LQ 指數的技巧，相信生命將會經過洗禮再度翻新。

還記得有一次，我在夢中和大女兒相見。這其實是從未發生過的事情，自從大女兒過世之後，我已經將近十五年左右都沒有夢見過她，在夢中她依然是如此甜美動人，我還記得夢中相遇的場景，是在我新莊的老家，雖然是老家，不過和印象中不太一樣，因為那裡變得非常明亮，女兒也被銀白色的光芒包圍，非常耀眼，大女兒看見我，面帶微笑地向我走來，我開口向她說：「抱歉，爸爸遲到了。」她依然沒有說什麼，只是繼續地笑著，好像是不在意我遲到這件事情，夢就到這個畫面停止，而我很快地就從這個夢中醒過來了。

選擇最適合自己的重生之路

醒來以後，卻感受到一股從來沒有的平靜，不止是腦袋，整個身體都變得寧靜：

自女兒過世以後，我常常想起她，也曾不斷地向上帝禱告讓我們相見，直到二〇一五年的四月，才真的與她在夢中見面。

做完這場美好的夢以後，我拿起書桌上的筆記本，用鉛筆畫下夢中的片段，我感覺得到滿滿的愛在流動，真是不可思議！女兒的過世，是我痛心的未竟之事，花了好長一段的時間處理這種哀傷的情緒，雖然最終透過提升LQ指數的技巧，讓我已能好好地面對生命的消逝，解除未竟之事，但這一場夢，卻讓我得到了更完整的重生的力量。

重生之後，新生命讓我們在生活中經驗到更多不可思議的經驗。當心與大腦都趨近於更加正面的同時，許多看似平凡的生活片段，會變得更加珍貴，你會看見生活中隱藏的訊息，無論事件是龐大或微小，但會因為自己更加留意，反而帶來更多驚喜。

關於重生，還有一個極端的例子：那就是項羽置死地而後生，破釜沈舟的故事。

秦朝末年，項羽為了打勝秦國軍隊，使用了破釜沉舟的方法；根據《史記．項羽本紀》的記載：項羽乃悉引兵渡河，皆沉船，破釜甑，燒廬舍，持三日糧，以示士卒必死，無一還心。

項羽帶整個軍隊過河之後，把渡河用的船全部都擊沉，導致軍隊無法再搭船回去，更把軍隊做飯的鍋子全部砸壞，因此士兵們也無法再煮飯；還將行軍睡覺的帳篷通通用大火燒毀，更規定每個士兵只能攜帶三天左右的糧食，這些舉動，都顯示著項羽背水一戰，只求勝利的信念，斷絕自己後退之路，除了贏得戰爭，沒有其他選擇。

因為這個決策，每個士兵的生存信念被瘋狂地激起，他們眼中沒有死亡，只有往前進的決心，項羽的狠心與勇氣，反而讓整個軍隊都強大了起來，最終項羽成功打敗秦國軍，最後更成為上將軍領導諸侯。

翻轉思維，讓人生更好

刻意將自己置之死地而後生，會激發出一個人更大的力量，在低潮的片刻，如果這樣做，也許會讓人的生命有轉機，卻也隱藏著極大的風險。

因為我的人生曾落入低谷，導致有許多人會詢問我：如何從低谷中躍起重生，每一次我都會說起這一段歷史；項羽先將自己推近死神，冒著極大的風險，斷絕後路，反而使自己更能勇往直前，他的處境就像是從ＬＱ人生指數負一〇〇的位置，往前大幅度的攀升，因為離死亡太靠近，會害怕、會恐懼，反而更激起想活下去的動力。

如果以風險管理來看，這是風險非常高的舉動，風險管理關心的是必

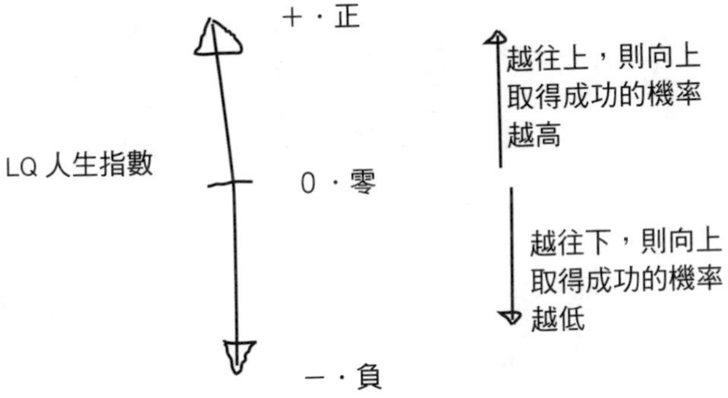

保持正面向上，取得逆轉勝的成功率越高

提升自己的 LQ 指數

須排除風險，盡量壓低或免除風險，提高成功率，並且無後顧之憂。與其刻意將自己置之死地而後生、刻意將自己掉落到LQ人生指數最接近負一〇〇的位置，其實還有一個選擇，就是不要將自己再刻意往下跌落，就在原位的地方，嘗試往上攀升。風險較低，成功率卻較高，因為掉落在越低的人生指數，要成功往上的風險越高。

我們每個人都有最適合自己的提升LQ指數的方式，有的人可能是運用閱讀調整、有的人可能是用消除未竟之事的方法調整……但調整這些的前提，都是要先翻轉自己的思維，調整腦袋的思考。

項羽會選擇斷後路的原因，是因為他天性堅強，知道自己運用破釜沈舟的策略，能讓自己更專注於成功的道路。世界上有的人就是喜歡穩扎穩打，有的人喜歡大膽的冒險，你適合以什麼方式與決策，讓人生變得更好，或許問問你的大腦，也問問你的心就會有答案。

創造你的生命道路

前面幾章所提及讓LQ指數攀升的技巧都很重要，但更關鍵的是，擁有一個決心要讓LQ人生指數向上的信念。讓LQ指數提升，或許只需要耗費很短暫的時間，但也可能需要花好長一段的時間，沒有人能預期或控制最終的結果，因此，擁有一份堅強的信念是很重要的。

這也是為什麼需要調整腦袋的鬆緊度，讓大腦除舊佈新，關於你想要的理想伴侶、家庭、生活、夢想的工作，物質的欲望就盡量去想、去建造，去築起屬於自己的金字塔；當墜落至生命的低潮期時，也要記起自己想讓LQ指數攀升的信念，就會在磨難中找到一條生路，而且這是你自己創造出來的道路。

後記

善用LQ，邁向美好的未來

這本書記載平凡的我，從小到現在年過半百的生命轉變故事，作為案例與實證。回顧我的生命路程，從頑愚到有些智慧、從貧窮到富足、從自閉到開闊、從痛苦到甘甜、從不幸到還算幸福、從賣小籠包到即將成為博士與現任生技公司的董事，從IQ、EQ、SQ、PQ到AQ的指數，我發現了人生指數LQ，終於得以逆轉勝。

細數一路走來的轉變，現在的我變得很不一樣，包括：

■以前被痛苦占領了我一半的時間，現在除了睡覺之外，似乎百分之九十五的時間，能夠鎮靜與思考能力。

■以前遇到挑戰、困難或是問題時，比較容易被負面情緒影響，無法真正有效解決問題與挑戰；現在遇到挑戰、困難或是問題時，或許還是會有一些負面情緒產生，不過思維很快就會轉變，可以泰然自若，展開問題思考以及提出解決方案，往往能夠有效解決問題與面對挑戰。

■以前幾乎沒有靈感，現在常常有美好的靈感與領悟，並且思考能力可以廣又深。

■以前對於藝術作品看不懂，也無法欣賞，現在的興趣之一是欣賞藝術，包含管絃樂、油畫、陶瓷、哲學等等。

■以前對各種學科陌生，現在可以自學心理學、藝術、哲學、管理學、未來學、神學等。

■如果以學歷的角度來看，目前學歷增進，輔仁大學科技管理所碩士、廣州暨南大學產業經濟科技管理博士生。

■以前經濟上貧窮，現在經濟上富足。

■以前家庭比較不懂愛，現在慢慢了解愛，以及付出愛。

■以前比較沒信心，現在信心指數提升。

■以前睡眠很少一覺到天亮，現在睡眠安詳，噩夢少了。

■在經歷方面，從在親戚公司工作，在騎樓下賣小籠包，成為某上市公司研發主管，目前是生技公司的董事。

■以前不懂寫作，現在和策畫撰稿的兩位作家胡芳芳與殷千晨合作完成文稿，準備要出書了。

回顧過去與現在，我的改變真的是強烈的對比：

■由貧窮→富足
由恐懼→勇氣
由害怕→信心
由愚頑→智慧
由易怒→包容
由怨恨→愛
由失望→有美好盼望
由不安→平安
由痛苦→喜樂
由狂亂→泰然
由隨便→思考
由悲傷→祝福

由傷害↓和好
由自閉↓合宜
由驕傲↓謙和

運用LQ逆轉勝，人人有機會

關於LQ人生指數所在位置，與成功率是有正關係的；所處的LQ人生指數越高，向上取得成功的機會越高，也就是成功率越高，可以說這個人的人生是成功的，是現代人所謂的人生勝利組；反之，所處的LQ人生指數越低，已積累很多負面的，要向上取得

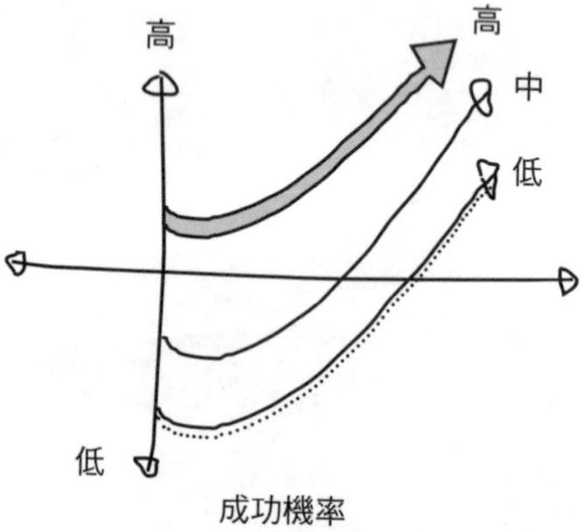

人人皆可善用LQ指數，邁向成功

成功的機會越低，也就是成功率越低，是現代人所謂的人生失敗組。但是大家不要因此沮喪、放棄，不要以為自己的人生就這樣完蛋了，沒辦法了，還有機會向上逆轉勝的；關鍵在自己的選擇，我們可以選擇勇敢面對自己累積的負面，然後承認這些所累積的負面是不好的，是有傷害的，然後相信這些是可以轉變的，累積力量、信心、勇氣，就可以找到向上的路，以意志力不斷的向上，一步一步向前，一定可以掌握自己的ＬＱ人生指數，並且逆轉勝。

或許我們真的應該要「凡事感謝」，感謝在我們的人生道路上，正面協助我們的人事物，因為他們使我們向上；也要感謝在我們的人生道路上，負面對待我們的人事物，因為他們使我們有機會學習、轉化與克服這些負面的挑戰與問題，並且因此累積更多元的能力、經歷、力量與智慧，使我們更強大、更有智慧、更成功，使我們邁向成功美好的人生。

決定出書的歷程

我在二〇一六年五月的某個早晨，經歷了昏倒的意外，到了長庚醫院的急診室，醫生為我進行抽血檢查，發現血紅素偏低，大約下午六點醫生問我是要拿藥，包含消炎止血藥與抗生素的藥回家，或是住院注射抗生素，然後進行檢查，這兩項選項讓我選擇，我選擇回到林口家中休息；因為這件事情讓我想要知道發生昏倒意外的意義，以及天父要我做什麼。這段時間我和妻子已經決定暫時不在職場工作，一心想要完成我內心深處的夢想，將這五年來我用手寫在筆記本的所謂靈感，使用電腦記錄成檔案，尋找出版社進行出書的工作，我與妻子的想法是，不管未來有多少人可以因為看到這本書而獲益，也就對這個世界有所正面貢獻。

昏倒，或許是神的加倍祝福

因為我這次昏倒，而我領悟或許死亡的過程就是如此，而從死亡到永生，或許如同我這次昏倒，然而身心靈是安穩、舒服、輕鬆的；我在長庚急診室的期間，目睹一位長者即將離世，而其家屬即將面對這位親人死別，臉部與肢體呈現的痛苦與憂傷，這一幕生死一線間的畫面，讓我有些領悟，或許人類的生命有長有短，生命的長短，與永生或許不是正相關或是負相關，只要有耶穌就有永生。

隔天的下午，在林口家中附近散步，因為我家的附近都是低樓層住宅，附近比較空曠，是一個充滿樹林、天空、雲層、鳥類、小動物、植物等的地方，我突然發現心中產生一些意念，這意念有些許的埋怨與責怪，我將這個意念寫在筆記本上，發現我的這個埋怨與責怪的源頭，是因為昨天昏倒這件事情，我潛意識中將這件事當成是惡事、不好的、挫敗、壞事、失敗、倒楣的事情，而產生要找出這件惡事的主要原因與歸咎責任；我的意念首先將這事歸咎某人，後來分析不關他的事情，然後我找不到他人歸咎，所以意念變成歸咎自己、埋怨、責怪自己為什麼會昏倒，自己要負責任，指責自己，因為昏倒這件事情是惡事，當然要找到這件事情主謀者或是主因；後來意念中提醒自己：不可以負面對他人或是自己。

突然有個意念進入大腦，昏倒這件事是神的加倍祝福，是要顯出神的榮耀，聖經中提到：「耶穌過去的時候，看見一個人生來是瞎眼的。門徒問耶穌說：『拉比，這人生來是瞎眼的，是誰犯了罪？是這人呢？是他父母呢？』耶穌回答說：「也不是這人犯了罪，也不是他父母犯了罪，是要在他身上顯出神的作為來（約翰福音第九章第一節到第三節）。」所以我昏倒這件事，我必須轉變成益處，並且加倍得到神化了妝的祝福。神的祝福有時是讓人誤以為是一件惡事，讓人誤解是一件惡事，其實是神潛藏在所謂惡事中的祝福。

幫助更多人，走向康莊大道

當我轉變這件事情的看法時，那些原本潛藏在我潛意識中、要歸咎他人或自己，或者有時候歸咎神的意念，也就消失無蹤，因為昏倒這件事已經在我大腦中轉變成為加倍的祝福，而不用再追究負面主因，不用再歸咎自己或是他人，現在應該解決這件事、處理這件事，並且終於得出可能的最佳解決方案。

轉念一想，我昏倒這件事情發生時，我不斷的自我對話這件事情是有益的，凡是感謝，這件事情有美好意義在裡面，所以面對昏倒這整個過程，可以保持鎮靜與泰然的面對處理，並且發現大大小小的意義，包含飲食習慣可能要開始早上吃蔬果，少吃澱粉類與油炸類與肉類，保持腸胃健康，並且保持身體健康檢查的習慣。至於發現比較大的意義是，我想先暫時放下職場工作二個月在家休養，並且完成這幾年以來，我潛意識中的理想以及或許是我生命中的使命：出書，而書的主題可能聚焦在ＬＱ生命指數上面，ＬＱ是我自己取的名稱，主要是介紹ＬＱ可以解決大部分人們物質與精神方面，不管在生活、家庭與家族、職場工作、人際關係，甚至於對生命意義的探尋、經濟、人生智慧等大部分的問題，可以運用ＬＱ作為有效的思考策略與解決方案。

我非常希望這一路走來的領悟、學習與心得，透過本書的拋磚引玉，可以幫助更多的朋友，走向生命的康莊大道。

國家圖書館出版品預行編目（CIP）資料

LQ：小籠包科管博士教你人生逆轉勝 / 許家豪作. 策劃撰稿|胡芳芳、殷千晨-- 初版. -- 臺北市：大好文化企業，2017.09
296面；15X21公分. -- 大好生活：1）

ISBN 978-986-93835-3-0（平裝）

1. 成功法 2. 自我實現

177.2 106014630

大好生活 | 1

LQ：小籠包科管博士教你人生逆轉勝

作　　者 | 許家豪
策劃撰稿 | 胡芳芳、殷千晨

出　　版 | 大好文化企業社（Harmony Publishing House）
榮譽發行人 | 胡邦崐
發行人暨總編輯 | 胡芳芳
總 經 理 | 張成華
主　　編 | 古立綺
編　　輯 | 方雪雯
封面設計 | 林佩樺
美術主編 | 楊麗莎
行銷統籌 | 張榮偉
客戶服務 | 張凱特
通訊地址 | 11157 臺北市士林區磺溪街 88 巷 5 號三樓
讀者服務信箱 | fonda168@gmail.com ; dahao0615 @gmail.com
郵政劃撥 | 帳號：50371148 戶名：大好文化企業社
讀者服務電話 | 0922309149、02-28380220
讀者訂購傳真 | 02-28380220
版面編排 | 唯翔工作室 (02)23122451
印　　刷 | 鴻霖印刷傳媒股份有限公司 0800-521-885
總 經 銷 | 大和書報圖書股份有限公司 (02)-8990-2588

ISBN 978-986-93835-3-0 (平裝)
出版日期 | 2017 年 9 月 1 日初版
定　　價 | 新台幣 320 元